LA DUCHESSE

DE

KINGSTON.

II.

LA DUCHESSE
DE KINGSTON,

OU

MÉMOIRES

D'UNE ANGLAISE CÉLÈBRE

MORTE A PARIS EN 1789,

RÉDIGÉS PAR M. DE FAVROLLE.

TOME SECOND.

A PARIS,

Chez LEROUGE, Libraire, Cour du Commerce, faubourg Saint-Germain, quartier Saint-André-des-Arcs.

1813.

LA DUCHESSE

DE

KINGSTON.

A PEINE lord Hervey fut parti, que miss Chudleigh n'ayant plus mistriss Hanmer, pour se plaindre des prétendus torts de son époux, se décida à mettre Clara Beckeley dans sa confidence. Elle se rendit donc chez mistriss Hasting en sortant du palais où elle avait appris le départ du Lord. Elle entre chez mistriss Beckeley dans une si terrible colère, que cette aimable femme ne savait qu'imaigner. —

Que vous est-il donc arrivé, chère Miss, qui peut altérer aussi visiblement la sérénité de votre front? Elizabeth s'approchant d'une grande glace, dit à Clara : voyez cette figure, paraît-elle si désagréable, qu'on regarde comme un malheur d'avoir droit à ses bonnes grâces? et croyez-vous que pour se soustraire au malheur d'être publiquement son époux, on doive s'empresser à mettre l'Océan entre elle et vous? — Je ne crois pas, et si le témoignage d'une femme pouvait ajouter à la gloire de votre réputation de beauté, de grâces, d'esprit, je dirais, Madame, que jamais rien d'aussi parfait ne s'est présenté à moi depuis que j'ai l'âge de raison, et celui qui fuirait vos bontés serait le plus imbécille de tous les hommes. — Et si j'avais distingué cet homme parmi ses rivaux, si je lui avais sacrifié le plus cher objet de mes affections, si j'avais daigné lui donner ma main sans autre intérêt que celui de le rendre heureux, ne jouissant pas même de l'éclat du nom illustre qu'il porte, et qui est, à bien dire, son seul mérite; que penseriez - vous de la conduite de cet homme qui abandonnant sa femme un mois après son mariage, pour se rendre à la Jamaïque, ne daignerait pas venir prendre congé d'elle? — Il serait impossible de l'imaginer, et je crois bien, chère Miss, que ce n'est qu'une supposition que vous vous plaisez à faire.

— Ah! plût au ciel! mais je vous jure que rien n'est plus vrai, que le lord Hervey m'a épousé secrètement il y a un mois et n'en est pas moins parti pour les Indes occidentales sans m'en prévenir. — Je ne puis croire ce que vous me dites. Quoi! vous avez pu oublier le Duc, et lui préférer le fils du comte de Bristol qui, en vérité, ne le vaut pas.

Alors Elizabeth raconta à Clara, dans le plus grand détail, tout ce qui s'était passé depuis le départ du Duc, jusqu'à l'aventure de Clamsfort dont Clara, qui n'aimait pas beaucoup le Comte, ne pût s'empêcher de rire. Elle lui fit part ensuite de ses projets qui n'étaient rien moins que de briser des liens qui lui étaient devenus insupportables, et qu'elle avait peut-être l'espoir de renouer avec le Duc, mais c'eût été inutilement. Ce jeune lord avait l'ame trop fière pour vouloir un bien dédaigné par un autre. Il avait pensé mourir de douleur, en apprenant le mariage de Miss; mais réfléchissant peu à peu, que si Elizabeth l'avait véritablement aimé, elle ne l'eût pas cru si légèrement coupable; qu'elle aurait trouvé le moyen d'avoir de ses nouvelles, et qu'il n'y avait qu'un orgueil excessif, et une légèreté impardonnable qui aient pu lui faire prendre une si prompte détermination, et que l'orgueil et la légèreté ne pouvaient exister avec le véritable amour. Il trouva donc qu'il serait parfaitement dupe s'il conservait un sentiment tendre pour une femme qui, sous le prétexte le plus frivole, avait rompu des sermens sacrés; et il partit aussitôt sa convalescence pour l'Italie où il acheva de se guérir de la passion qu'il avait eue pour miss Chudleigh.

1 *

Elizabeth ne voulait point se borner à de vaines plaintes. Elle avait formé un projet dont l'exécution lui parut facile, et qui, pour tout autre, eût paru si audacieux qu'on en eût rejeté aussitôt la pensée ; mais elle ne connaissait d'autres lois que sa volonté, et sa volonté était de ne plus appartenir à l'homme qui l'avait ainsi négligée, et avec lequel elle jurait de n'avoir aucun rapport. Nous verrons par la suite si elle tint mieux ce serment que les autres.

Un jour que la princesse de Gallès était allée dans le Devonshire, et qu'elle n'avait point nommé Elizabeth du voyage, celle-ci en profita pour engager Clara à faire avec elle une course jusqu'à Clamsfort. Je veux, lui dit-elle, chère Mistriss, vous faire con-

naître cet horrible château; je veux
que vous voyez l'appartement magnifique que le Lord avait choisi pour le
temple de l'hymen; mais le parc est
beau, très-giboyeux, et nous pour-
rons chasser. Nous emmènerons votre
frère; car Beckeley avait suivi la princesse avec un détachement de la garde.
Mesdames Beckeley et Hasting con-
sentirent volontiers à faire cette partie,
et il fut convenu qu'on partirait au
point du jour. Hasting se chargea de
faire nettoyer les armes et de placer
dans la voiture assez de poudre et de
plomb pour faire une guerre à mort
aux lièvres et aux perdrix.

Hasting et sa sœur furent exacts au
rendez-vous, ils montèrent en voiture
avec Elizabeth et Polli qui était toujours attachée à Miss. Le voyage fut

très-gai. Sir Hasting qui ne connaissait point de femme comparable à
Elizabeth, et qui, au fond de son cœur,
eût bien désiré qu'elle eût été la sienne,
lui disait les choses les plus aimables
qu'elle pouvait entendre sans s'offenser, parce que ce n'était que de pures
galanteries ; aussi Miss les recevait sans
courroux. On découvrit les tours du
triste manoir de Clamsfort, et le vieux
concierge fut assez étonné de voir ar-
river sa maîtresse. Cependant il la reçut avec le respect dû à la comtesse
de Bristol qui venait dans ses domaines. Clara s'amusa beaucoup de toutes
les saillies que l'ameublement et la
distribution du château fournirent à
la maligne Elizabeth. On mangea des
œufs frais et du beefstek , puis on se
mit en chasse. Après avoir tué beau-

coup de gibier, Miss proposa d'aller au presbytère. Elle avait donné ordre qu'on prévînt le chapelain qu'elle dînerait chez lui, et qu'il ne s'inquiétât point pour la traiter, qu'elle lui enverrait plus de gibier qu'il n'en fallait pour le repas. On se rendit donc chez le pauvre chapelain. Il était dans son lit avec la goutte qui le faisait infiniment souffrir. Malgré cela il eut un sensible plaisir à voir Elizabeth ; il lui parla de lord Hervey, et s'informa de ses nouvelles avec la tendresse d'un père. L'adroite Miss eut l'air d'être le mieux du monde avec son époux.

Le repas que l'on fit près du lit du malade fut fort agréable. Ces dames avaient beaucoup d'esprit, et Hasting n'en avait guères moins. Il n'était pas, comme je l'ai dit, insensible aux charmes d'Elizabeth ; et malgré qu'il n'eût aucun espoir, il n'était pas très-fâché de l'absence du Lord. Il avait su par sa sœur qu'il était l'époux d'Elizabeth, et en même temps qu'elle ne l'aimait plus, et sans savoir ce qu'il pouvait espérer ou craindre, il se livrait au bonheur d'admirer les grâces de celle qui le charmait. Le chapelain semblait rajeunir en voyant à sa table d'aussi aimables gens. Elizabeth avait engagé une conversation politique qui intéressait vivement le chapelain, et à laquelle Clara prenait part. Elizabeth dit qu'elle avait oublié d'écrire et de faire partir de Londres une lettre fort pressée. Le chapelain lui offrit la clef de son cabinet. Dès que Miss y fut entrée, comme elle était persuadée que le chapelain mettait dans ce cabinet le registre des actes , elle le cherche, l'aperçoit, le feuillette, et ayant trouvé l'acte qui constate son mariage avec le lord Hervey , le lit en courant , s'en empare, puis le déchire, remet le registre à sa place et rentre avec la plus parfaite tranquillité.

Le chapelain parlait encore du même sujet qui l'occupait au moment où Miss était entrée dans le cabinet , et était bien loin de croire qu'elle avait abusé de sa confiance.

Comme elle n'avait plus rien à faire à Clamsfort, et qu'elle ne voulait pas passer la nuit avec les rats qui l'avaient fait fuir du château la première nuit de ses noces , elle pria Hasting de donner l'ordre de mettre les chevaux. Malgré les instances du vieux chapelain , elle partit avec ses compagnons de voyage. Elle était d'une joie qui ne peut s'imaginer, et jamais Hasting ne l'avait trouvée si aimable, lui pour qui elle était la plus aimable des femmes. Il fut tellement frappé de sa gaîté, de l'originalité de ses idées sur les événemens de la vie, qu'il ne put s'empêcher de lui demander qui est-ce qui lui causait tant de joie. — Ah! si je vous le disais, mon cher Hasting, vous en ririez autant que moi : il y a deux heures que je brûle d'envie de vous en faire part ; mais gardez m'en bien le secret, sur-tout Polli ne vas pas en parler à ta mère ; c'est un peu plus important que lorsque tu ne voulais pas dire qui avait mis l'habit de ton frère.—C'est une raison de compter sur ma discrétion. — Eh bien! j'y compte. Alors elle leur raconta avec

quelle

quelle hardiesse elle avait déchiré le seul acte qui constatât juridiquement son mariage avec Hervey. Clara, dont l'ame était aussi noble que pure, lui dit: Et qu'importent les actes, ne vous suffit-il pas de savoir que vous avez promis, devant Dieu, d'être à jamais l'épouse d'Hervey. — Devant Dieu ; et que lui importe ? — Ma chère Elizabeth, la passion de la liberté vous aveugle, demandez à mon frère ce qu'il en pense.

Hasting, bien plus aveuglé qu'Elizabeth, parce que sa passion était d'autant plus violente, qu'il la contraignait au silence, assura que Miss avait pris un parti très-sage ; puisque son intention étant de rompre son hymen, elle avait bien fait d'en anéantir les preuves. — Quoi ! mon frère, reprit

Clara, tu penses ainsi ! que sont devenus les principes que tu as reçus ? —
Préjugés que tout cela. Oui, ma chère
amie, les seules conventions respec-
tables, sont celles qui assurent notre
bonheur, sans nuire à celui des autres;
et dans ce qu'a fait Miss, elle n'a assu-
rément offensé personne, puisque son
mari prouve aussi clairement qu'il tient
peu à elle : et il n'y a aucun doute que
lorsqu'il saura qu'il n'existe plus
d'acte qui les lie, il sera le premier à
renoncer à des droits que rien ne cons-
tatera plus, et qu'il sera enchanté de
briser sans être obligé d'entamer un
procès toujours désagréable. Ainsi
vous voyez donc, ma sœur, qu'elle ne
pouvait mieux faire que de saisir l'occasion de recouvrer sa liberté. — Elle
ne la recouvrera point, tous les té-

moins existent. Ses domestiques, d'après ce que Miss m'a conté plusieurs fois, ont été dans la confidence, et devaient y être, puisque sans cela, ils auraient eu très-mauvaise opinion de leur maîtresse pendant son séjour à Winchester, ne pouvant douter que le Lord venait passer avec elle toutes les nuits. Ses domestiques seront interrogés et diront la vérité. — Qui aura intérêt à la leur demander, reprit Miss, ce ne sera pas moi, et encore moins le Lord. Allons, ma chère Clara, ne troublez pas, par de tristes réflexions, le plus beau moment de ma vie, et convenez avec sir Hasting que j'ai très-bien fait. — Je puis me taire et non trahir mes sentimens. La reconnaissance que je vous dois, ne peut même m'en imposer la loi, et fussiez-vous

2 *

la princesse de Galles, je ne vous en dirais pas moins que cette action est très - répréhensible, et qu'il viendra peut-être un moment où vous regretterez vivement de l'avoir faite. — Je ne le crois pas ; mais parlons d'autre chose … Clara, de cet instant, ressentit une peine secrète d'avoir reçu un important service de celle qu'elle ne pouvait plus estimer, et cherchait quel moyen employer pour concilier des intérêts si opposés, et elle n'en trouvait point. Rompre avec Elizabeth était une ingratitude ; continuer à la voir, c'était s'exposer à prendre peu à peu ses maximes qui ne pouvaient que l'entraîner à sa perte. Elle s'en remit entièrement à l'humeur fantasque de Miss qui s'éloignerait peut-être d'elle, sans autre raison que son inconstance naturelle ; et ce qu'elle prévit à ce moment, arriva, en effet, quelques mois après.

Miss , persuadée que son mariage était rompu, ne crut pas devoir garder aucunes mesures, et elle se jeta dans le tourbillon d'une société aussi tumultueuse que futile. Elle ne connût plus d'autre devoir que de briller dans tous les cercles. Sans cesse au spectacle , à la promenade, au jeu, dans les ventes (*) où elle achetait à tout prix ce qui lui plaisait , elle ne voulait pas être comtesse de Bristol , et elle avait tous les goûts et toute la magnificence des plus riches ladys. Il n'y

______

(*) A Londres, les femmes du plus grand nom passent une partie de la matinée aux ventes publiques.

aurait eu alors que la princesse de
Galles qui eût pu lui faire sentir combien cette conduite était opposée à la
modestie qui convenait si bien à une
jeune personne ; mais malheureusement cette princesse était tellement
séduite par les grâces et l'esprit de sa
fille d'honneur, qu'elle lui fournissait
même les moyens de soutenir ce genre
de vie par les présens considérables
qu'elle lui faisait. On pense bien que
tant de dissipation ne pouvait convenir
à Clara, que ses devoirs attachaient auprès de sa mère, de son époux, et d'une
petite fille dont elle était nouvellement
accouchée, et qu'elle nourrissait ; et
lorsque Elizabeth venait la chercher
pour aller à Windsor ou à Hide-parck,
elle ne pouvait sortir parce qu'elle attendait son mari avec qui elle devait

aller à la campagne ; ou sa mère était in-
commodée, elle ne pouvait la quitter ;
ou sa petite était endormie ; il fallait
qu'elle attendît au moins une heure
qu'elle fût couchée pour s'en éloigner.
Tous ces prétextes paraissaient si bour-
geois à la sémillante Miss, qu'elle finit,
comme Clara l'avait prévu , par s'en
ennuyer, et elle chercha d'autres com-
pagnes de ses plaisirs. Mais en ne
voyant plus que très-rarement la sœur,
elle n'en témoignait pas moins de bontés pour le frère à qui elle permettait
de suivre son char avec la foule d'es-
claves qu'Elizabeth faisait chaque jour,
qu'elle attirait par ses charmes , et
qu'elle avait l'art de tenir assez loin
d'elle pour qu'ils n'eussent pas même
la pensée de lui déclarer leur amour.

Tout alla au gré des désirs de miss

Chudleigh tant que lord Hervey fut en Amérique; mais enfin il revint, et comme il avait reçu à la Jamaïque une lettre du chapelain de Clamsfort, il alla le trouver avant de voir personne à Londres qu'il ne fit que traverser. La lettre n'expliquait pas le sujet qui engageait cet ecclésiastique à prier Milord de venir le voir, seulement elle disait que c'était pour l'affaire la plus importante et la plus malheureuse.

Il arrive et trouve ce pauvre vieillard, que les douleurs physiques accablaient, plus tourmenté encore par un chagrin si cuisant, il fondit en larmes en apercevant le fils du comte de Bristol, et ce fut avec peine qu'il articula ce peu de mots : Ah! Milord, ô mon fils! ayez pitié de mes cheveux blancs, et n'ajoutez pas à mon malheur

de vous voir suspecter ma probité. —
Eh! mon cher maître! qui peut vous
donner une pareille idée! Je m'ac-
cuserais plutôt moi-même que de
vous croire coupable en quoi que ce
soit! Dites-moi donc le sujet d'une af-
fliction si vive. — Ah! Milord, je suis
un homme perdu, il me faut mourir,
on a déchiré l'acte de votre mariage
sur le registre. — Qui a pu avoir cette
audace? — Le registre n'est jamais
sorti de ce cabinet dont la clef ne me
quitte pas. Il y a aujourd'hui trois mois,
je voulais transcrire un acte de naissance que l'on me demandait, et qui
se trouvait à la date de votre mariage,
j'y ouvre le registre en cet endroit,
quel est mon désespoir quand je vois
un feuillet arraché, et quand je ne
puis douter que c'est celui où était écrit

la date de votre union avec miss Chud-leigh. Ce qui est horrible à penser, c'est qu'il ne peut y avoir que Lady, qui l'ait déchiré. — Comment cela peut-il être ?

Alors le chapelain raconta avec cette simplicité, compagne de la vérité, les détails de l'apparition de Lady à Clamsfort.—Ce que vous me dites là, mon ami, ne m'étonne point. Pendant un mois que je suis resté en Angleterre, j'ai appris à connaître son caractère, qui est le plus bizarre qui existe. Je crois bien d'après cela qu'elle va me demander de renoncer à mes droits sur elle; je ne paraîtrai point instruit de la disparition de l'acte; elle n'aura pas l'audace vis-à-vis de moi de convenir qu'elle l'a déchiré. Ainsi les choses resteront dans le même état jusqu'à ce que je voie quel parti je serai forcé de prendre.

Le lord rassura complétement le pauvre chapelain, soupa avec lui, coucha au presbytère. Il ne se souciait point de revoir l'appartement où Miss s'était si mal conduite avec lui. Il partit le lendemain à la pointe du jour, laissant cinquante guinées sur la cheminée du bon chapelain, à la grande satisfaction de sa gouvernante. Il reprit le chemin de Londres où il arriva à la nuit fermée. Il se rendit sur-le-champ à l'hôtel de miss Chudleigh ; elle était à la comédie. Lord Hervey ne trouva que Polli, à qui il fit différentes questions ; mais celle-ci y répondit avec la plus grande circonspection. Il demanda si sa femme allait toujours chez mistriss

Hasting.— Moins qu'autrefois ; miss Chudleigh n'aime point les enfans, et mistriss Beckeley a toujours sa petite sur les bras. Le chevalier Hasting continue à venir au concert et donne le bras à Milady lorsqu'elle va au parc. — A-t-on ici des nouvelles du duc ? — Aucunes. — Rentrera-t-elle tard ? — A une ou deux heures du matin. — N'importe, je l'attendrai. Polli lui demanda s'il voulait souper ; il l'accepta et mangea tête à tête avec elle, puis il s'étendit sur une ottomane où il s'endormit profondément, et si bien, que Miss en entrant dans son salon ne le réveilla pas. Qui a, dit-elle, l'audace de venir dormir ici ?— C'est milord, c'est M. le comte, répondirent Polli et ses femmes. — Pas plus lui qu'un autre ; et passant aussitôt dans sa chambre à coucher, vous lui direz qu'il veuille bien se retirer ; nous nous verrons demain si cela lui convient. Non, Madame, dit-il en s'éveillant et sautant en bas de son ottomane. Il l'arrête par la main ; ce n'est pas demain, c'est tout-à-l'heure qu'il faut que nous ayons une explication. — Je les déteste, sur-tout à l'instant où je tombe de sommeil. — Il serait possible de concilier ce besoin de dormir avec le désir que j'aurais d'être auprès de vous. — Je ne vous comprends point. — Quoi! milady, avez-vous donc oublié Winchester ?—Je n'en ai point le moindre souvenir.—En vérité, Madame, vous abusez de ma patience; que signifie ces plaisanteries? et n'ai-je pas le droit de

rester ici si cela me convient?—Prou-
vez-le, Milord.—Rien de si facile ; je
vais faire partir pour Clamsfort.—Ah!
pour Clamsfort, dit-elle en éclatant
de rire ; pour Clamsfort, c'est ex-
cellent, et qu'est-ce qu'on y trouvera?
— L'acte qui constate votre mariage
avec moi. — Voilà une grande im-
posture ; l'acte qui constate mon mariage avec vous ! Eh bien ! je parie
mille guinées qu'il n'y est pas.—Vous
abusez, Milady, de mes bontés; mais
sachez que je puis vous parler en
maître, et que si vous m'y contrai-
gnez je le ferai. — Allons, Milord,
vous êtes fou. Laissez-moi me coucher et retirez-vous, car je ne souf-
frirai point qu'un homme qui ne
m'est rien passe la nuit dans ma maison. — Peut-on porter plus loin l'au-

dace ! je ne vous suis rien , imprudente ! — Rien ; et s'approchant de son oreille pour n'être entendue que de lui , elle ajouta : L'acte sur lequel vous fondez un si doux espoir n'existe plus. — Que dites-vous ? — Je l'ai déchiré.—Et vous osez le dire, quelle scélératesse ! — Monsieur veut-il me laisser tranquille ? — Je savais votre crime, mais je ne croyais pas que vous eussiez l'audace de vous en vanter ; et comptez-vous pour rien les témoins ? Je vais faire ordonner une enquête.— Vous ne l'oseriez pas ; que dirait-on d'un lord, beau, jeune, qui serait obligé d'avoir recours à des voies judiciaires pour être l'époux d'une femme qui le haïssait assez pour avoir déchiré l'acte qui l'obligeait à porter son nom ? — Comment oser répéter une chose dont vous devriez rougir? Mais au nom de l'amour que vous m'avez inspiré, chère Lady, évitons un éclat scandaleux; soyez ma compagne, mon amie.—Moi! avez-vous jamais vu l'oiseau qui a rompu le rêt où il était pris, y revenir? Il en est de même. J'ai brisé mes liens, je ne les reprendrai sûrement pas, et je vous prie encore une fois de vous retirer. — C'est ce que je ne ferai pas. — Eh bien! je vais envoyer chercher le juge de paix et des connétables, et nous verrons si un homme a le droit de passer la nuit chez une jeune personne sans son aveu.—Vous seriez assez folle pour le faire; j'ai pitié de votre extravagance, et je me respecte en vous, et ne veux pas vous rendre la fable du public.

Adieu,

A dieu , Milady ; nous nous reverrons , et j'espère que vous réfléchirez
à l'inconséquence de votre conduite.
—J'espère , Milord , que nous ne
nous reverrons pas , et que vous réfléchirez aussi à l'inconséquence de
votre conduite.

Le lord Hervey se retira ; mais par
malheur pour lui il n'avait pas pu revoir
les charmes d'Elizabeth sans être em-
brasé de nouveau de tous les feux
de l'amour. Il eût donné la moitié
de sa fortune pour passer auprès
d'elle le reste de la nuit ; et dès qu'il
fut chez lui , ne pouvant dormir, tant
il était tourmenté de chagrin et d'a-
mour, il donna ordre qu'on allât lui
chercher des chevaux de poste pour
se rendre à Walsein, n'y ayant que

dans le cœur de miss Hanmer qu'il pût épancher le sien.

Elle le reçut avec un sensible plaisir ; jamais amie ne fut plus reconnaissante. L'oubli total où sa nièce l'avait laissée depuis le départ du comte, faisait encore mieux sentir le contraste de sa conduite avec celle d'Elizabeth.

- Le lord Hervey à peine arrivé en Angleterre accourait la voir. Elle lui fit mille caresses, et n'osait presque pas lui demander des nouvelles de Milady : ce fut lui qui lui en donna. Elle ne put retenir ses larmes au récit des extravagances d'Elizabeth ; le comte la suppliait de trouver un moyen de la ramener à lui. Hélas ! dit-elle, je crains bien qu'il n'y en ait guères. — Ne me le dites pas, chère Mistriss, je vous en supplie ; l'absence, loin d'éteindre mon amour pour Elizabeth, a paru l'accroître. L'effet que ses caprices avaient fait sur moi s'est effacé, il ne m'est resté que l'image de sa beauté. Je la comparais à toutes les femmes, je n'en voyais point qui pussent en approcher. Je revenais en Angleterre, croyant que sa raison s'était développée avec le temps, décidé à déclarer mon mariage. Je me faisais un bonheur de la présenter dans le monde comme ma compagne chérie ; jugez quelle a été ma douleur en apprenant et sa conduite et son dédain pour moi. J'allais chez elle pour lui marquer mes justes ressentimens ; je né la trouve point ; excédé de fatigue, je m'endors ; c'est le son de sa

voix qui me réveille. J'ouvre les
yeux, jamais je ne l'ai vue si belle :
sa fierté, son impatience l'embellis-
saient encore, et je ne me suis arraché à elle qu'avec une peine extrême.
Je crois cependant que si je pouvais
la voir seul à seule, je la ferais changer
de résolution.—Il n'y a qu'un moyen :
il faut que vous trouviez quelqu'un
qui lui inspire le désir de terminer
votre divorce à l'amiable, et qui lui
persuade qu'il faut qu'elle ait avec
vous une longue conférence pour pouvoir en régler les conditions. Retour-
nez à Londres, voyez parmi vos connaissances celle qui vous paraîtra
plus capable de remplir cette com-
mission auprès d'elle ; et si vous m'en
croyez, il ne faut pas même que celui
que vous en chargerez sache quelle

est votre intention. Il faut, au contraire, qu'il croie que vous voulez
rompre entièrement avec Milady;
mais que vous n'y consentirez qu'aux
conditions que la séparation se fera
sans éclat; que personne ne sera
en tiers entre vous, et que pour
traiter plus librement, ce sera dans
votre maison de Walsein que se fera
cette entrevue.

Le Lord approuva tout ce que Mistriss lui proposait; et après s'être re-
posé vingt-quatre heures chez mistriss Hanmer il revint à Londres.
Parmi les étourdis qui environnaient
Lady, il ne voyait personne à qui il
eût voulu confier son secret, et déjà
deux jours s'étaient écoulés sans qu'il
eût rien déterminé. Enfin il pense à
la famille Hasting, se rend chez eux,

.et comme il entrait il rencontra le chevalier Hasting. L'on sait qu'il servait comme lui dans la marine ; ils s'embrassent, et Hasting demandé au lord des nouvelles de plusieurs personnes qu'il connaissait à la Jamaïque ; ils se trouvent avoir des amis communs, et leur liaison devint alors plus intime. Hasting l'engagea à entrer chez ces dames ; c'était l'heure du thé. Le Lord dit des choses aimables à mistriss Beckeley, lui parle du voyage de Clamsfort, Clara paraît embarrassée, et comme il n'y avait nul témoin qui pût les gêner, lord Hervey dit qu'il savait tout, que Miss lui avait rendu service, mais qu'il fallait terminer cette affaire, et pour cela se voir. Hasting qui était ravi d'apprendre que la séparation d'Elizabeth s'avançait à grands pas , se vanta qu'il ferait faire à miss Chudleigh tout ce qui serait nécessaire pour obtenir sa liberté. — Je vous en aurai, chevalier, une sincère obligation. —Très-heureusement peu de personnes savent ce mariage, et votre séparation n'aura aucun inconvénient , reprit Hasting , qui en était enchanté , et promit , dès le lendemain , de parler à Miss pour l'engager à se rendre à Walsein. Le Lord le remercia , parla d'Elizabeth en homme entièrement détaché d'elle , tourna en ridicule sa conduite , dit qu'un galant homme ne pourrait supporter l'idée d'être l'époux d'une pareille fable ; félicita Beckeley d'avoir rencontré dans Clara les grâces et la raison réunies, et enfin laissa le chevalier bien persuadé qu'Hervey en était au point de haïr Elizabeth.

Dès le soir Hasting se trouva au palais où il savait que miss Chudleigh devait être. Il l'aborde et lui rend compte de la visite du Lord chez ses parens; Miss eut d'abord de la peine à croire ce que lui disait Hasting. Elle avait aperçu dans les manières du Lord une assez forte dose d'amour pour ne pouvoir imaginer qu'il fût si pressé de rompre leurs nœuds. Elle alla même jusqu'à dire qu'il serait possible que cette entrevue eût une issue fort différente de ce qu'on imaginait. — Croyez-vous donc, Chevalier, que je ne puisse pas rallumer des feux mal éteints ? — Je crois, Miss (car il affectait toujours, même en particulier, de ne pas

pas l'appeler milady), que vous embraseriez les trois royaumes, mais un mari, et un mari rebuté, est peu inflammable. — Ne me piquez pas au jeu, chevalier; quoi qu'il en soit, dites à celui qui vous envoie qu'il indique le jour et l'heure que l'on s'y trouvera. Le chevalier ne savait trop ce qu'il devait penser du ton et de l'air dont Elizabeth avait prononcé ces paroles. Il se repentait au fond du cœur de s'être mêlé de cette affaire, et il craignit qu'elle n'eût des suites très-différentes qu'il ne se l'était promis. Miss Chudleigh, charmée de trouver une occasion d'essayer le pouvoir de ses charmes sans se compromettre, attendit le rendez-vous du Comte avec impatience. Celui-ci, étonné que sa ruse eût aussi bien réussi, écrit du style le plus froid qu'il sera à Walsein le lendemain à cinq heures du soir, si cette heure convenait à Milady.

Elizabeth n'attendit pas pour partir au lendemain; elle pensa que la route la fatiguerait, altérerait son teint, et ôterait à ses yeux une partie de leur éclat. A peine donc eut-elle reçu le billet d'Hervey qu'elle monta en voiture et se rendit à Walsein.

Sa tante ne fut pas peu étonnée de la voir avancer ainsi le moment du rendez-vous. Elizabeth, toujours maîtresse d'elle-même, jamais embarrassée des torts qu'elle pouvait avoir, saute légèrement de son wiski arrive en courant dans le salon, et se jette dans les bras de sa tante. — Que je suis aise de vous voir, chère

Mistriss ! Il y a des siècles que je voulais venir, mais la cour est un pays infernal où on ne fait jamais rien de ce qu'on veut. Il me paraît que vous vous portez à merveille. Je sais bien bon gré au cher Lord de vous avoir donné une aussi jolie maison : elle est charmante, la situation délicieuse. Mistriss n'avait pas eu le temps de répondre ; cependant elle fit asseoir Miss, lui demanda quel sujet l'amenait. — Vous le savez aussi bien que moi, chère tante, ne m'en faites pas mystère ; c'est par vos soins que ce rendez-vous a lieu. Vous voulez nous réunir, cela me paraît difficile ; mais je vous donne ma parole de faire de mon côté tout ce qui sera possible. Mistriss, surprise, enchantée, regardait sa nièce avec éton-

4*

nement. — Quoi! serait-il possible, ma chère amie, que ce fût là le fond de votre cœur? Ah! je serais trop heureuse! Elle l'embrassait avec tendresse; elle éprouvait en la voyant un sentiment d'admiration, car elle était encore embellie depuis qu'elle en était séparée. Elles causèrent de la meilleure amitié du monde. Mistriss Hanmer lui montra sa maison dans le plus grand détail. Il y avait une porte qui rendait dans le salon dont la clef était ôtée. Miss, par une curiosité naturelle, pria sa tante de lui dire où elle rendait. — Vous l'allez voir. Miss Chudleigh l'ouvre et on en trouve une seconde de bois satiné, sur laquelle était écrit en lettres d'or ces mots:

Appartement d'Elizabeth.

Ceci, dit-elle, ressemble à un conte de fée. Elle se hâte de tourner un bouton, elle voit la chambre à coucher la plus délicieuse : elle était entièrement tendue en gros de Naples bleu céleste, avec des franges d'argent. Le lit était surmonté d'un panache blanc de la plus grande beauté. Tous les meubles en vieux lac, des magots, des porcelaines du plus grand prix, des glaces de toute hauteur. Des deux côtés du lit, deux portes en glaces. L'une entrait dans une bibliothèque dont les livres, des meilleurs auteurs, étaient reliés avec le luxe que les Anglais mettent, sur-tout à leur bibliothèque. L'autre porte menait à un boudoir que les amours semblaient avoir décoré. Il était tendu en mousseline de l'Inde, doublée de rose, le coussin de l'ottomane et les oreillers garnis d'angleterre parfaitement beau. Il y avait une petite porte cachée par la boiserie, donnant dans le cabinet de toilette où était une toilette de vermeille. Ce cabinet communiquait à celui des bains. La baignoire, de jaspe sanguin, recevait l'eau par des robinets d'argent, représentant des têtes de cygnes, ciselées avec un soin extrême. Miss passait d'admiration en admiration. Ah ! chère Mistriss, disait-elle, quelles aimables attentions. Ah! pourquoi ne m'a-t-il pas amenée ici, au lieu de son vilain château de Clamsfort. Elle témoigna à sa tante le plus vif désir de prendre possession de ce charmant appartement, et de le partager avec le Lord. Si j'en crois milord Hasting,

ce n'est pas ce qu'il veut. Il assure
que le Lord ne désire que notre séparation. Cependant, tant de soins
pour rendre se séjour charmant,
prouveraient le contraire. J'ignore
ses projets, reprit la chère tante.

Miss voulut montrer elle-même à
Polli, et à une de ses femmes, qu'elle
avait amenée avec elle, son délicieux
appartement. Il ne manque ici, dit
Elizabeth, dans un transport de reconnaissance, que le portrait de celui
qui a fait décorer cette retraite avec
tant de goût et de magnificence. Elle
n'avait pas dit ces mots, que miss
Hanmer pousse un ressort, et le portrait de lord Hervey paraît au milieu de la glace placée au-dessus de
l'ottomane. Ah! pour le coup, chère
tante, vous me faites croire à la féerie.

Jamais portrait ne fut plus ressemblant et plus agréable. Mais comment se trouve-t-il derrière cette glace? — Rien de plus simple. Cette partie de la glace, en montrant celle où était le portrait, n'est point étamée; vous ne vous en apercevez pas, parce que le panneau de boiserie qui est derrière est couvert d'une feuille d'étain. Au moment où l'on pousse le ressort, le panneau s'éloigne et fait place au portrait que vous voyez au travers de la glace. Quand il ne vous plaira pas de le voir, vous pousserez le même ressort, et le portrait disparaîtra. — Non, non! jamais il ne peut me déplaire, et si je l'éloignais, ce ne serait que pour le dérober aux regards de quelque rivale. Bien, ma nièce, dit mistriss Hanmer à Miss, en l'embrassant, puisse le ciel vous conserver dans ces doux sentimens! Je voudrais que ce pauvre Lord fût ici : comme il serait heureux! — Vous croyez, ma tante ? — Oui, je le crois. On servit. Miss se hâta de souper, pour se placer dans ce lit où la pensée d'Hervey se présenta à elle d'une manière si aimable, qu'elle crut réellement l'aimer.

Dès le matin elle descendit dans les jardins, où tout peignait l'amour du Lord pour elle. Leurs chiffres étaient placés dans tous les lieux de ce charmant jardin. Des grottes semblaient inviter au plus tendre mystère. Des inscriptions célébraient les charmes de la divinité, et l'amour d'Hervey. Miss, enchantée, ne cessait de dire à sa tante : Ah! s'il pouvait m'aimer encore, je serais à lui pour la vie!

Toute la journée se passa dans l'attente du Lord. La toilette la plus recherchée annonça le désir de plaire, une tendre langueur, la crainte de n'y pas réussir. Miss Hanmer bénissait le ciel, et disait : Je mourrai contente.

Un peu avant cinq heures, on entendit les coups de fouet. Les joues de Miss se colorèrent du plus vif incarnat. Était-ce timidité, ou l'émotion du plaisir? je ne sais. On ouvre les barrières : la voiture entre; et Hervey, tremblant comme un criminel qui va recevoir son arrêt, traverse le vestibule, non sans s'informer si Milady est arrivée : on lui dit qu'il y a vingt-quatre heures. Cet empressement relève ses espérances, et il se hâte de savoir si elles seront trompées.

Miss Chudleigh était à demi-cou-chée sur un sopha où était assise mistriss Hanmer. Cette dernière se lève aussitôt qu'on annonce le Lord, court à lui, l'embrasse, et lui dit : Que j'ai de joie de vous voir, et assez bas pour qu'elle crût que Miss ne l'entendait pas, tout va bien. Miss était restée à la même place, et ayant fait une légère inclinaison, pour ré-pondre au salut respectueux du Lord, elle ne leva pas les yeux de dessus son métier. Hervey approche, et lui dit : N'aurais-je donc pas un regard, Milady, n'êtes-vous venue ici?.... — Que pour me conformer à vos vo-lontés, que vous avez témoignées d'une manière assez précise au chevalier Hasting. — Et si ce n'avait été, chère Elizabeth, qu'un piége pour vous en-

gager à venir, en ayant l'air de partager votre indifférence pour moi,
lorsque mon cœur brûle du feu le
plus pur et le plus ardent. — En vérité, Milord, je ne m'en serais jamais
douté, et votre conduite, lors de votre
départ.... — J'eus tort, dit-il en mettant
un genou en terre; et prenant la main
de sa femme, qui ne la retirait pas,
il ajouta : Sentez-vous ce cœur où
vous régnez; sentez-vous la violence
de ses battemens ? On dirait qu'il
cherche à s'échapper de mon sein,
pour s'unir au tien. O! ma chère
Elizabeth, oublions nos torts récipro-
ques, ils n'ont point été de nature à
nous faire rougir. L'orgueil d'une
part, le caprice de l'autre : abjurons-
les et ils seront effacés. — J'ai promis
à ma tante de faire tout ce qui dé-

pendrait de moi pour que notre réunion fût sincère, car je ne vous cache
point que j'ai très-bien deviné que
vous ne me haïssiez pas autant que
Hasting voulait me le faire croire. —
Moi! vous haïr, chère ame! puisse la
colère du ciel m'accabler de tout son
courroux, si je cesse jamais de vous
adorer! Mais, vous, m'aimez-vous?
— Lorsque je vous ai préféré à tous
vos rivaux, n'ai-je pas prouvé que
vous m'étiez plus cher qu'aucun autre? Et quand ce sentiment aurait
paru un instant se ralentir, ce que
j'ai trouvé ici, des attentions aussi re-
cherchées, ne sont-elles pas faites pour
rendre à l'amour toute sa vivacité?
Alors elle le remercia particulière-
ment de chaque chose, mais sur-tout
de son portrait. Jamais, dit-elle, il

ne rentrera dans la boiserie. Je veux toujours la voir, cette image chérie, telle qu'elle est dans mon cœur.

Milord, enivré d'amour et de bonheur, croyait être transporté dans une autre région. Etait-ce la même femme qui l'avait reçu avec tant de hauteur quand il avait été lui demander de reprendre ses liens, la même femme qui avait eu l'audace de déchirer l'acte qui constatait leur hymen? C'était bien elle, il n'en pouvait douter; car qui aurait pu être comparable à Elizabeth? Il se livra donc à tout l'espoir d'une félicité sans nuage, et la pressant contre son cœur, il jura de ne vivre que pour elle.

Mistriss Hanmer, qui avait été donner quelques ordres, revint, et s'approchant de cet heureux couple, elle les serra tous les deux dans ses bras. O mes enfans! dit-elle, je puis vous donner ce nom, puissiez-vous long-temps jouir du bonheur que la vertu seule peut donner! On descendit dans les jardins, où Elizabeth fit connaître à son époux, qu'il n'y avait aucunes des inscriptions qu'elle n'ait lues, aucuns trophées d'amour où elle n'ait vu son nom avec orgueil; enfin, jamais amant ne jouit plus parfaitement de tout ce que son sentiment lui a fait inventer en l'honneur de sa maîtresse, que ne le fit Hervey dans dans cette délicieuse soirée.

Après le repas le plus exquis, et où Miss fut aussi spirituelle qu'elle était belle, Lord demanda, avec timidité, quel était l'appartement qu'on lui destinait. — Pouvez-vous Milord,

faire cette demande ? Et celui d'Elizabeth ne sera-t-il pas toujours le
vôtre ? Miss Hanmer leur souhaita
une bonne nuit, et se retira dans sa
chambre; et elle disait à Polli, qui
logeait près d'elle : Enfin voilà ma
nièce heureuse et raisonnable. Oui,
pourvu que cela dure, dit Polli, qui
connaissait mieux que personne le
caractère de miss Chudleigh. Le lendemain matin, mistriss Hanmer fit
préparer le thé avec une recherche
infinie.

Milord, sortant de l'appartement
de sa femme, rencontra Mistriss, la
combla de marques de reconnaissance, et la pria d'accepter, en souvenir de cette heureuse réunion, une
bague d'un seul brillant de cinq cents
livres sterlings.

Miss

Miss parut peu de temps après. Le bonheur l'embellissait encore. Pendant le thé on parla peu, on sentait trop pour pouvoir exprimer toutes les pensées délicieuses qu'on éprouvait. Cependant, Milady, car je crois qu'à ce moment on pouvait lui en donner le titre, revint à ses premières idées, et demanda quand elle serait présentée à la Cour comme comtesse de Bristol. Avant deux mois, dit le Lord. Mais je ne vous cache pas que cette maison me coûte beaucoup d'argent, que je ne pouvais mieux employer, puisque je lui dois mon bonheur. Mais il me serait impossible, sans nous déranger, de faire en ce moment tous les frais d'un établissement à Londres, et des parures nécessaires pour que vous paraissiez, Milady, avec l'éclat qui convient à la brue du comte de Bristol.

Ce refus, si modéré, n'en déplut pas moins à l'altière Lady, et on vit sa charmante figure se rembrunir. Cependant, elle dissimula, et dit : Deux mois, c'est peu de chose, pourvu que vous ne retardiez pas davantage. — Je vous jure que non, et j'ai autant de désir que vous d'apprendre à la Cour, qu'enfin la belle des belles a daigné me prendre pour époux. — Je compte sur votre parole, mais j'ai une autre grâce à vous demander. — Ordonnez, chère ame, votre bonheur est le mien, et il n'est rien que je ne veuille faire pour vous le prouver. — Ce que je vous demande est peu de chose. Vous savez que vous avez dit à Hasting que vous

ne souhaitiez rien tant que de vous
séparer de moi. Je ne puis douter que
c'était une ruse ; mais lui ne le saura
pas : je vous prie donc de lui écrire
la vérité, de me remettre la lettre,
et pour cause. Hervey crut pénétrer
la raison de sa femme, et l'en estima
davantage. Il écrivit à Hasting un
billet conçu en ces termes :

Billet de lord Hervey au chevalier Hasting.

Ce jeudi.

« Pardon, mon cher Chevalier, si
je vous ai trompé en vous disant que
je n'aimais plus miss Chudleigh, et
que je voulais me séparer d'elle. Ce
n'était que pour la déterminer à venir
ici, et que vous eussiez, en lui par-

lant, la conviction que rien n'était
plus vrai, afin qu'elle n'eût aucun
doute. J'étais bien sûr que si je pouvais lui prouver à quel point elle m'est
chère, je la ferais revenir de ses pré-
ventions contre moi. J'y ai réussi, et
mon bonheur est complet. Avant deux
mois tout Londres le saura, et elle
portera mon nom. D'ici là, je vous
demande le secret, et de croire à ma
reconnaissance, et aux sentimens d'attachement, avec lesquels

J'ai l'honneur d'être,

Votre très-humble et très-
obéissant serviteur,

LE LORD HERVEY.

» Milady veut vous remettre elle-
même ce billet. Ses désirs sont des
lois pour son heureux époux. »

Dès que Miss eut le billet, elle parla d'aller à Londres, étant venue sans congé. Mistriss Hanmer la pressait de lui donner encore un jour. Le Lord le désirait encore plus qu'elle, et voulait au moins que l'on ne partît que le lendemain matin. On ignore où je suis, reprit Miss, et ne pouvant, d'après vos arrangemens, Milord, prendre votre nom, il faut encore une grande circonspection dans ma conduite. Si l'on sait que vous êtes venu ici, que pensera-t-on si j'y prolonge mon séjour? Nous nous verrons à Londres. Quant à vous, ma chère tante, je vous dirai que, outre le plaisir de vous voir, celui d'habiter mon joli appartement m'y déterminerait à y revenir. Permettez donc qu'aussitôt le dîner, mes chevaux soient mis pour me rendre à Londres. — Je vous accompagnerai, Milady. — Non, Milord ; ce serait nous compromettre. Dans deux mois plus de contrainte. Mais d'ici là, je vous supplie de vous observer infiniment. Hervey ne jugea que trop que l'illusion était détruite, et que l'ambition reprenait ses droits sur un cœur incapable d'un véritable amour.

Cependant, il évita les plaintes, hélas ! trop inutiles avec le caractère de celle qu'il adorait. Le dîner fut assez triste. Mistriss Hanmer demanda à sa nièce, quand elle reviendrait. Miss, se penchant à son oreille, lui dit : Quand on me nommera lady Hervey ; et elle monta en voiture, avec l'air distrait et presque dédaigneux, ce qui laissa le pauvre Lord dans une grande inquiétude. Qu'a-t-elle donc, dit-il à mistriss Hanmer? — Je l'ignore : son caractère est ainsi fait, il ne faut pas y prendre garde. Vous avez vu qu'elle vous aime très-sincèrement. — Oui, je dois le croire ; mais comment change-t-on ainsi d'un moment à l'autre? — Je crois que vous eussiez dû consentir à déclarer votre mariage plus promptement. — Cela m'est impossible ; d'ailleurs ne faut-il pas avant que je rassemble les témoins, que l'on refasse l'acte à Clamsfort? car sans cette précaution nos enfans seraient sans état. Tout cela ne peut pas se faire en un instant, et en fixant à deux mois sa présentation à la Cour, je n'ai pas allongé le temps, et j'avoue que je suis affligé qu'elle n'ait pas attendu plus tard pour me parler de cette présentation. Il me paraît que dans la situation où nous sommes, son cœur ne devait point être occupé d'ambition, sentiment si peu compatible avec le véritable amour.—Vous vous rendrez malheureux, mon cher Comte, par trop de délicatesse; tous les cœurs ne sont pas susceptibles de ne vivre que pour ce sentiment. D'ailleurs les femmes sont obligées à tant de précautions pour leur réputation, qu'il n'est pas étonnant qu'Elizabeth, à l'instant même où elle est la plus heureuse par votre tendresse, pense que son mariage n'étant pas déclaré, sa conduite peut être suspectée, et qu'ainsi il est tout simple qu'elle désire de porter publiquement le nom de votre épouse.

Hervey parut acquiescer aux raisons

sons de mistriss Hanmer; il passa même deux jours chez elle, comme s'il eût craint, en revenant trop promptement à Londres, de voir s'évanouir pour jamais l'espoir d'être heureux. Quant à Miss, l'extrême désir qu'elle avait de retourner dans la capitale, tenait principalement au malin plaisir de désespérer Hasting, en lui remettant la lettre de lord Hervey. Ainsi dès qu'elle fut arrivée, elle fit sa toilette, se rendit au palais, et aussitôt qu'elle aperçut le frère de Clara, qui l'y attendait avec impatience, elle lui remit le billet d'Hervey. Le Chevalier l'ouvrit avec précipitation, et Miss examina avec curiosité l'impression qu'il fit sur lui. Il se mordit les doigts, se pinça les lèvres, et tâchant de dissimuler son

d pit par un rire forcé, il dit à Elizabeth : je vous fais mon compliment,
Madame, de ce triomphe, il n'est
pas étonnant. Avec les charmes que
la nature vous a donnés, vous devez
tourner la tête à tous les hommes,
même à votre mari. — A lui seul,
reprit miss Chudleigh, d'un ton si
fier, qu'Hasting n'osa ajouter un seul
mot et s'éloigna d'elle ; mais avec la
ferme résolution de se venger de ce
couple, qu'il haïssait du moment
qu'il était réuni. La foule d'adorateurs qui entouraient Miss ne lui
permit pas de s'apercevoir que le
Chevalier n'en faisait plus partie, et
voulant enfin se passer d'un titre
qu'Hervey lui refusait, elle se décida
à renoncer encore une fois à lui ; mais
un événement auquel elle ne s'at-

tendait pas, et qu'elle eût dû pré-
voir, vint tout-à-coup changer la face
des choses.

Elle avait revu le Lord à Londres,
mais sans avoir avec lui la moindre
particularité ; elle ne le voyait jamais
qu'en présence de Polli, et il ne put
obtenir de passer une seule nuit à
l'hôtel d'Elizabeth. Il supportait impatiemment les bizarreries de sa femme; il avait beau lui parler de l'instant où il aurait le bonheur de la
nommer publiquement son épouse,
elle n'avait pas l'air de l'entendre. Il
avait commandé les équipages, la
livrée, tout se préparait pour ce grand
jour. Il lui fit observer qu'il fallait
qu'elle vînt à Clamsfort pour refaire
l'acte ; elle lui jura qu'elle n'y met-
trait jamais les pieds, qu'elle avait ce

6 *

séjour en horreur, et que d'ailleurs il n'y avait rien qui pressât de faire cet acte. Hervey répliqua : et nos enfans ? J'espère bien, reprit-elle, n'en avoir jamais, et au moment où elle s'exprimait ainsi elle avait presque la certitude d'être enceinte ; et en effet, au bout de quelque temps elle ne put douter qu'elle était mère.

Polli l'apprit au comte qui en fut enchanté, et vint aussitôt chez sa femme. Elle le reçut plus mal qu'à l'ordinaire ; lui dit qu'il l'avait perdue, qu'elle ne savait plus ce qu'elle allait devenir. — Il me semble, chère ame, que votre position n'est pas inquiétante. Mariée depuis dix-huit mois, qu'y a-t-il de si chagrinant de donner la vie à un enfant destiné à hériter d'une maison qui n'est pas une des moins considérables des trois royaumes. — Et qui croira à ce mariage ? C'est à ce moment que je sens la faute que j'ai faite en déchirant cet acte. — Partons pour Clamsfort, je ferai avertir les témoins et on le rétablira. — Il ne servirait de rien. Pour ma réputation, elle est intacte tant que l'on ignorera que je suis mère ; mais si l'on vient à le savoir je suis déshonorée, et il n'est aucun acte à présent qui puisse prouver mon innocence, parce qu'on les croira toujours l'effet d'un repentir tardif.

Je n'ai plus d'autre parti à prendre dans ce moment, que celui-ci : aussitôt que je ne pourrai plus cacher ma grossesse, j'irai me renfermer à Walsein sous prétexte de la maladie

de ma tante ; là j'accoucherai secrètement. — Quoi ! vous voulez priver
mon fils de son rang, de sa fortune ?
— Ce ne sera pas pour toujours ;
mais il est bien certain que si vous
divulguez dans ce moment-ci notre
mariage, je me tue. Elle l'eût fait
comme elle le disait. Hervey en était
bien persuadé ; aussi ne la contraria-
t-il pas. Il trouvait un grand avantage à ce plan ; elle devait passer près
de quatre mois à Walsein, n'ayant
d'autre société que la sienne et celle
de mistriss Hanmer. Pendant ce temps
je parviendrai, peut-être, se disait-il,
à fixer sa légèreté, son enfant l'atta-
chera. Enfin, il crut devoir ne point
la contrarier, et sa faiblesse pour
elle les fit valoir aux yeux de sa raison. Il l'assura donc qu'elle serait par-

faitement maîtresse de faire tout ce qui lui plairait.

Rassurée par cette promesse, elle ne changea rien à son train de vie, et sans respect pour son état, elle affectait de se livrer en quelque sorte davantage à tous les exercices qui pouvaient nuire à son enfant. Elle dansait, montait à cheval, passait des journées entières à la chasse, toujours à la tête des piqueurs. Aussi personne n'avait le moindre doute de son état. Le lord Hervey la comblait de présens et volait au-devant de ses moindres désirs. Il avait une grande joie lorsqu'il pensait qu'il aurait un enfant de sa belle compagne, qui lui ressemblerait. Il était avec elle d'une complaisance extrême, et il n'en était pas mieux traité.

Enfin, le cinquième mois de sa grossesse, Milady ne pouvant douter de son état, et craignant plus que la mort que l'on eût le moindre doute de sa situation, se fit écrire par sa tante qu'elle était dangereusement malade, qu'elle espérait que celle qui lui avait servi de mère ne mourrait pas sans avoir la consolation de l'avoir auprès d'elle. Elizabeth fit voir la lettre à la princesse, qui lui donna un congé de six mois pour être auprès de sa tante. Elle partit le lendemain pour Walsein où le Lord l'attendait.

Elle revit avec assez de plaisir son appartement, et n'osa pas en éloigner le Lord. Ils passèrent ainsi les premiers temps avec tranquillité. Mistriss Hanmer seulement ne concevait pas par quelle raison sa nièce ne voulait pas déclarer son mariage. Dès qu'elle entamait cette thèse, Elizabeth se mettait dans une telle colère, qu'il fallait bien que sa tante se tût, car que dire à un enfant gâté qui bat la table où il s'est heurté !

Elizabeth était aussi peu raisonnable ; elle accusait tout ce qui l'entourait de son malheur, quoiqu'il n'en fût cause en aucune sorte. Il y eut encore un sujet de division entre les époux. Le Lord voulait que sa femme nourrît son enfant ; Milady rejetait ce projet avec la plus grande opiniâtreté ; elle soutenait qu'il était impossible de nourrir sans que l'on ne sût l'existence de cet enfant, qu'elle était toujours persuadée qui la déshonorerait. — Ma tante aura aisément une nourrice qui nourrira et élevera mon enfant dans cette maison; il faut seulement qu'elle ne me voie point. Il fallut bien encore lui céder sur ce point. On choisit une nourrice que Lady ne voulut point voir, disant qu'elle s'en rapportait à sa tante et à son époux, qui avaient déjà tant d'amour pour un bambin qui n'existait point encore.

Cette insensibilité pour l'enfant dont elle allait être mère, contribua plus que toute autre chose à détacher d'elle le Lord. Cependant lorsqu'elle fut en proie aux plus vives douleurs, il sentit ranimer dans son cœur sa tendresse pour Elizabeth. Il la tenait dans ses bras, la consolait, l'encourageait, et l'accoucheur qu'on avait appelé, crut que c'était le couple le

plus amoureux. Après plusieurs heures de souffrances, elle donna le jour
à un garçon qui annonçait une parfaite santé. Le Lord était ivre de
joie et Milady parut la partager ; mais
à peine les neuf jours étaient-ils pas-
sés qu'elle ne pensait plus qu'à retourner à Londres , où elle devait
dire que sa tante était entièrement
rétablie.

Le Lord, qui avait fait croire qu'il
allait passer plusieurs mois en France,
la priait de lui donner encore une
semaine ou deux , mais il ne put l'obtenir. Mistriss Hanmer alla prendre
son petit-neveu des bras de la nourrice pour l'apporter à sa mère. Elle
lui donna un baiser sur le front, et
dit en le regardant, il faut convenir
qu'il est peu de chose aussi désagréa-

ble qu'un enfant nouveau-né.—Vous êtes, reprit le Lord, très-certainement la seule mère à qui j'aie entendu faire cette observation ; mais vous ne sentez rien comme une autre. Et prenant son fils, il le serra contre son cœur, en disant : Pauvre petit, on t'abandonne à des soins mercenaires ! puisse ta santé n'être pas altérée !— Il n'est pas donné, Milord, à tout le monde d'avoir une sensibilité aussi *exquise* que la vôtre ; vous êtes toujours dans la région de l'enthousiasme. Pour moi, je vois les choses comme elles sont. Lorsque mon fils aura quinze ans, s'il est d'une figure agréable , j'en conviendrai comme une autre ; mais d'ici là, il sera très-bien avec une nourrice, des bonnes, un précepteur.—Il n'en aura point d'autre que moi, et si je ne puis espérer d'être heureux comme époux, je le serai comme père. — Vous l'entendez, ma tante, et vous voyez si on peut vivre avec un homme de ce caractère. Heureusement, dit-elle entre ses dents, que j'ai déchiré l'acte de Clamsfort. — Que dites-vous, Milady ?—Rien. — Ne croyez pas, Madame, que pour satisfaire à vos fantaisies je laisse mon fils sans état. — Ne croyez pas que pour lui en assurer un je m'enchaîne à vous, qui me traitez avec cette indignité.— Mais, mon Dieu, ma nièce ! — Applaudissez - vous de votre ouvrage, Mistriss, c'est vous qui avez formé ces liens. — Ils ont fait votre bonheur, ils le feront encore.—Non, jamais ; je renonce à lui pour la vie :

je pars demain, et je prétends reprendre ma liberté. — Je ne m'y op-
poserais pas, si je ne n'avais pas un
fils. Le Lord, désespéré des caprices
de sa femme, se retira dans son appartement. Lady, quelque chose que
fît sa tante, voulut partir dès le soir,
sans le revoir, et revint à Londres,
plus belle que jamais, et plus occupée
qu'elle n'avait été jusqu'alors, de conserver son indépendance. Hervey,
malgré qu'il aimât moins Elizabeth,
depuis qu'il avait acquis la certitude
qu'elle ne serait jamais meilleure mère
que bonne épouse ; malgré cela, dis-je,
ne pouvait se résoudre à se séparer
d'elle comme elle lui proposait, et encore moins souffrir, en mari complai-
sant, toutes les folies de madame, qui,
sans être opposées à l'honneur, l'é-

taient tellement à la raison, qu'il était impossible de ne pas l'engager à devenir moins extravagante.

Le lecteur se souvient peut-être que le chevalier Hasting s'était retiré de la foule des adorateurs d'Elizabeth, mais n'avait renoncé ni au projet de se venger du Lord, ni à celui de le remplacer auprès de miss Chudleigh. La confiante amitié de lord Hervey parut lui en fournir les moyens. Ce malheureux époux, sans cesse rebuté par sa femme, excepté lorsqu'il lui apportait de l'argent, n'ayant personne à qui parler de ses chagrins domestiques, trouva, à ce qu'il imaginait, dans le Chevalier un être bon, sensible, qui l'écouterait avec patience, le plaindrait et lui donnerait des conseils salutaires. En effet, il eut avec Hasting de longues conversations. Celui-ci paraissait tout occupé des malheurs du Comte. Ces conversations furent remarquées par des gens de la connaissance de Lady, et on ne manqua pas de lui en faire part. Sans avoir aucune certitude qu'elle fût mariée avec le Lord, on ne pouvait se dissimuler qu'il y avait entre eux des rapports fort directs.

Lady commença à s'offenser de cette liaison ; elle n'aimait plus Hasting, et elle trouvait mauvais qu'Hervey l'aimât. Elle alla jusqu'à s'en plaindre à celui dont elle ne voulait pas porter le nom, et pour qui elle n'eût pas fait le plus léger sacrifice. On pense bien qu'Hervey à son tour ne voulut point rompre avec le Chevalier, et eut même l'imprudence, pendant une absence qu'il fit pour aller voir

son

son fils, d'écrire au frère de Clara la lettre que voici :

Lettre du lord Hervey au chevalier Hasting.

A Walsein, le 17 décembre.

« Plus je réfléchis, mon cher Chevalier, sur ma situation avec Lady, plus je suis malheureux. Elizabeth est sans cesse engagée, ses connaissances sont immenses : elle peut à peine en voir la moitié. Elle est toujours courant les assemblées et les maisons de jeu, ou bien elle fait de sa maison un rendez-vous continuel de tumulte et de confusion ; son esprit n'est plus occupé que de parure, de plaisirs, de cartes, de frivolités, de cercles. Elle revient de ses orgies nocturnes à six, sept heures du matin. Ses domestiques sont faits à ce train de vie qui bouleverse toutes mes idées. Vous imaginez bien qu'elle ne se lève pas de grand matin.... A peine a-t-elle le temps de recevoir quelques visites de fats ou de caillettes, ou bien de courir les boutiques, les ventes, les promenades ; que sais-je encore? Elle s'empresse enfin d'arranger sa tête pour dîner, et vient se mettre à table, en feignant de balbutier quelques excuses ; à l'entendre, elle a été si prodigieusement occupée, elle a eu tant de choses à faire, qu'il ne lui a pas été possible de prendre le temps de s'habiller. Elle court à sa toilette, d'abord après le dîner, et ce grand ouvrage la tient ordinairement trois bonnes heures. En vérité, mon ami, le cœur me saigne, quand je pense à la suite de tout cela. Il n'y a pas quatre jours que je lui donnai mille guinées, il n'en existe pas une. Jugez si j'ai de la satisfaction avec une femme d'un pareil caractère, toujours dans le désordre, et cherchant à m'y plonger aussi, etc. »

Hasting n'eut pas plutôt la lettre qu'il mit le même empressement à la remettre à Lady que celle-ci en avait eu de lui donner celle de son mari. La colère de Lady ne peut s'imaginer. Il n'est aucune expression de mépris qu'elle n'employât contre le Lord. Elle lui supposa des torts qu'il n'avait pas, elle oublia complètement tous les témoignages d'amour qu'il lui avait donnés. Elle jura de n'avoir jamais aucun rapport avec lui, et sans se souvenir qu'elle avait un fils de lui, elle crut pouvoir, après avoir déchiré l'acte de son mariage, se persuader qu'elle était libre.

Hasting crut alors que le moment était favorable pour exprimer son amour. Il le fit dans les termes les plus vifs. Ce discours suspendit un moment la fureur de miss Chudleigh ; elle l'écoutait avec une attention qui faisait croire au frère de Clara qu'il était aimé, quand tout à coup il voit se peindre sur la physionomie d'Elizabeth ce froid dédain si voisin du mépris, qu'elle confirma par ces mots :—Est-ce bien à moi que s'adresse ce discours ? est-ce l'ami intime d'Hervey, le confident de ses plus secrètes pensées, qui le trahit, et ne veut rien moins que séduire sa femme ? Me croyez-vous, sir Hasting, tellement dépourvue de charmes, que je doive répondre avec empressement à l'hommage du premier venu, et plus que cela, de l'homme le plus immoral; et d'ailleurs qui peut vous faire penser que j'aille quitter le titre de comtesse de Bristol pour être mistriss Hasting? En vérité, ce serait bien la peine.

Le Chevalier abasourdi de ce qu'il entendait, n'eut pas la force de répliquer; il demanda seulement à Miss de lui rendre la lettre du Lord, mais elle la lui refusa. Non, dit-elle, je la garde comme une preuve de la vive tendresse du mari qui, j'espère, ne sera bientôt plus le mien, et de la fidèle amitié de celui qui l'a trahi. Cependant comme je ne veux point, après avoir sauvé la vie de votre sœur, être cause que le Lord attaque la vôtre, je ne lui en parlerai point, si vous observez exactement de ne vous point trouver par-tout où je serai. — Je vous rends grâce, Mistriss, de votre générosité. Je redoute peu le Lord, et s'il lui convient de se mesurer avec moi, il me trouvera. Cependant cette affaire n'eut pas de suite, parce que le chevalier Hasting reçut l'ordre, dès le soir, de se rendre à bord du *Royal* qui partait pour les Grandes-Indes, où il mourut peu de temps après. Sa sœur en fut très-affligée, et comme il l'avait instruite, la veille de son départ, de la manière outrageante dont Elizabeth avait reçu l'aveu de son amour, mistriss Beckeley, qui déjà s'était fort éloignée de miss Chudleigh, ne la revit plus.

La lettre du lord Hervey avait fait la plus triste impression sur Elizabeth. Sans en parler à son mari, elle lui laissait entrevoir qu'elle ne le regardait que comme un tyran. Le Lord reçut ses reproches impatiemment, et Miss crut entrevoir qu'il avait le projet de porter ses plaintes aux pieds de la princesse de Galles. Elle le prévint en allant elle-même instruire sa maîtresse de sa situation. Elle sut si bien peindre Mylord comme coupable qu'elle parvint à mettre la princesse absolument dans ses intérêts, à conserver ses bonnes grâces, avec la permission de rester à son service malgré son mariage, qu'elle ne regarda plus que comme une vaine cérémonie, sur-tout lorsqu'elle apprit par mistriss Hanmer que son fils était mort. Elle ne daigna pas partager la douleur du Lord qui était inconsolable de la perte de cet enfant, dernier lien qui l'attachait à Elizabeth. Mistriss Hanmer en conçut tant de douleur qu'elle en mourut peu de temps après.

Le Lord fit élever à son fils un tombeau, où souvent il allait pleurer la perte d'un bonheur qui ne s'était jamais montré à lui que comme une illusion qui lui échappait aussitôt. Il fit détruire dans les jardins tout ce qui lui rappelait l'amour qu'il avait eu pour l'ingrate Elizabeth dont il s'efforça de bannir le souvenir.

Miss, non contente d'avoir prouvé qu'elle préférait son modeste nom avec la liberté, au titre brillant qui la lui ferait perdre, s'efforça de suivre une route opposée à celle que suivaient les

personnes

personnes sensées. Il suffisait que le public fût d'un avis, pour qu'elle fût de l'autre. On la vit prendre avec hauteur la défense d'une femme qui avait fait mourir six de ses maris en leur coulant du plomb fondu dans l'oreille; le septième qui eut quelque doute, feignit d'avoir perdu la raison dans le vin et de dormir profondément; lorsqu'il aperçut cette femme faisant fondre le plomb pour envoyer son septième mari, ainsi que les autres, au tombeau, il appela, on s'empara d'elle. On ordonna d'exhumer les cadavres et on y trouva la preuve du délit.

L'indignation fut générale contre cette furie, et Miss fit l'impossible pour la soustraire à la justice, sans pouvoir y parvenir. C'est depuis ce crime que l'on rendit en Angleterre la loi, que l'on suit maintenant en France de ne point ensevelir un mort, qu'un officier de santé n'ait constaté la cause du trépas.

La contrariété que Miss éprouva de n'avoir pu sauver cette femme, altéra son humeur, et elle sentit qu'elle avait besoin de s'éloigner d'une ville où tout lui déplaisait; c'est dans ce moment qu'elle écrivait à une de ses amies en parlant de Londres: « Les superbes équipages qu'on y voit, sont les indices d'une pauvreté prochaine. Un quart des maisons est entièrement vide; si l'on entre dans celles qui sont habitées, on y voit un air de mécontentement et de tristesse répandu généralement sur toutes les physionomies. Ce n'est pas qu'on y manque de théâtres et de lieux de divertissemens;

il y a cent cabarets pour une église, etc. »

Ce n'était pas assez pour la comtesse de Bristol de ne plus l'être aux yeux de ceux qui feignaient d'ignorer son mariage avec M. Hervey, elle résolut de prouver son indépendance en parcourant l'Allemagne. Elle ne voulait pas cependant faire seule le voyage ; et pour avoir un compagnon qui lui convint, elle fit mettre dans la gazette, l'article que je vais transcrire ici ; et qui donne une idée des mœurs anglaises.

« Une jeune lady, maîtresse de sa personne, et partagée d'une fortune honnête, qui croit n'être point désagréable, et qui se flatte qu'elle ne l'est pas davantage aux yeux des

8 *

autres, est dans la résolution d'aller passer quelque temps dans le pays étranger ; elle serait flattée que quelque jeune homme d'une famille honnête et d'une société agréable, voulût être son compagnon de voyage. Elle n'a aucun engagement de cœur, et elle souhaite que celui qui se proposera pour répondre à ses vœux, soit aussi libre qu'elle, afin que rien n'empêche une union plus intime de succéder à cette première liaison ; la réponse est attendue sous quatre jours par la voie des gazettes. On compte que le secret sera gardé jusqu'à ce que tous les arrangemens soient pris : l'indiscrétion ne serait point impunie ».

Cette annonce avait paru dans le *London-Chronicle*, du 7 . . . . . . On vit la réponse suivante dans celui du lendemain.

« Un homme entre deux âges, d'une figure passable, d'une assez bonne santé, offre ses service à la *Dame* de qui l'annonce est insérée dans la gazette d'hier. Il a déjà voyagé et il vit dans une parfaite indépendance. Si la dame en question croit qu'il puisse lui convenir, il est prêt à partir aussitôt qu'elle le désirera: elle voudra bien lui faire savoir ses intentions en écrivant à l'adresse de A. Z. chez M. S. etc. ».

Cet homme convenait à merveille à Miss. Evaporé, hardi, présomptueux, altier, aimant le jeu, les paris, remportant le prix dans toutes les coursés, il ne manquait à toutes ces qualités qu'une seule que Miss estimait beaucoup, c'était la fortune. Cet aventurier avait perdu la sienne ; cependant il se présenta avec assurance, et Lady apprit qu'il se nommait Wilk, et qu'il était major des dragons de la reine. Dès qu'il fut agréé de Miss, on ne s'occupa plus que des apprêts du voyage. Elle le voulut faire avec un train qui répondit à sa magnificence accoutumée, ce qui retarda de quelque temps le départ. Elle voulut aussi s'embarquer à Plimouth où Miss désirait revoir le berceau de son enfance et la bonne mistriss Kepled qui vivait encore. Celle-ci pleura de joie en revoyant son élève toujours belle et très-riche. Mais quand elle lui conta qu'elle était matiée, et n'avait nul égard pour son mari; qu'elle voyageait moins pour sa santé que pour suivre ses volontés et faire enrager son mari, la bonne Kepled ne pleura plus de joie, mais de douleur. Elle entrevit dans quel désordre sa chère fille pouvait tomber. Lady lui soutint qu'elle respectait tout ce qui tient à l'honneur, que pour le reste, elle ne se croyait pas obligée de se contraindre pour un homme qui n'aurait pas l'avantage de lui faire porter son nom avant six mois.

Sa vieille gouvernante l'assura qu'elle avait bien tort, que l'on n'était pas toujours jeune et belle. Elizabeth lui parla aussi de la mort de son fils avec le ton de légèreté qui ne la quittait pas. Ah! si vous l'aviez nourri, dit mistriss Kepled, il vivrait encore. —Voilà des raisonnemens de M. Hervey ! comme si tous nos jours n'étaient pas comptés. Polli resta avec sa mère pendant le voyage que Miss fit avec son major, du moins en partie.

Dès qu'elle parut en Allemagne, le bruit de sa beauté engagea les princes à lui faire demander d'honorer leurs Cours de sa présence ; mais bientôt ils tremblèrent qu'elle ne fit une révolution parmi eux en bannissant leur chère étiquette qu'ils regardaient peut-être avec raison, comme la gardienne des mœurs. Ils se hâtèrent donc de lui faire de magnifiques présens, de lui donner les fêtes d'usage ; mais ils ne firent rien pour la retenir, et ne lui demandèrent point de revenir chez eux lorsqu'elle retournerait en Angleterre. Comme elle n'avait nullement le désir d'être long-temps chez eux, elle n'y resta

que celui nécessaire pour s'y faire admirer des jeuns gens, envier des femmes, et craindre des maris, qui tous
eussent été fort fâchés de voir prendre
à leurs chères moitiés les manières de
miss Chudleigh, que l'on nommait la
femme-homme, surnom que lui avait
valu l'affectation de paraître fouler
aux pieds tout ce qui la rapprochait
de son sexe.

Elle fut bien dédommagée de leurs
jugemens par les caresses et l'accueil
qu'elle reçut de l'électrice de Saxe, et
du grand Frédéric qui était alors sur
le trône de Prusse. Elle passa six se-
maines à Dresde. Ce temps ressem-
blait à un enchantement. Les plaisirs
se succédaient. Elle paraissait à cette
Cour comme une divinité à qui tous
rendaient hommage. Enfin, enivrée

d'encens, fatiguée de fêtes, elle prit congé de l'électrice, en lui promettant de la revoir. Il y avait dejà du temps qu'elle était mécontente du Major, et elle se promettait bien de se débarrasser de lui à son arrivée à Berlin; et en effet M. Wilk entra au service du roi de Prusse, et fut tué dans la première affaire où il se trouva.

Miss Chudleigh était, comme nous l'avons dit, excédée des plaisirs que l'on s'était empressé de lui faire goûter à Dresde; elle voulait jouir plus paisiblement de la vie à Berlin, et sur-tout observer à loisir le grand homme qui y régnait. Alors elle lui écrivit ce billet:

« Miss Chudleigh qui voyage pour s'instruire, demande à Sa Majesté de la dispenser de toute étiquette afin de pouvoir étudier à son aise un prince qui donnait des leçons à toute l'Europe, et qui pouvait hardiment se vanter d'avoir un admirateur dans chaque individu de la nation britannique ».

Elizabeth douée de cet esprit dont Voltaire a dit *qu'il ne s'apprend pas*, ne pouvait manquer de plaire au monarque. Elle avait la répartie prompte, vive, naturelle ; aussi Frédéric en était enchanté, et la comblait de marques de bontés dont, chose assez extraordinaire avec le caractère de miss Chudleigh, elle n'abusa jamais. Le roi se plaisait à voir la plus belle femme de l'Europe, réunir aux grâces de son sexe, les inclinations guerrières et chevaleresques qui ennoblissaient le sien. Tout le temps qu'elle passa à Berlin, elle fut de ces soupers où Sa Majesté savait jouir de la société des hommes les plus illustres de la république des lettres, parce qu'il savait oublier avec eux qu'il était roi. Elle vit à Berlin Voltaire, Maupertuis, ces deux génies si opposés, et de qui on eût dit pu dire :

De leurs cailloux heurtés sortaient des étincelles.

Elle profita de leurs lumières et re-trempa en quelque sorte son esprit au feu des leurs. Heureuses les femmes qui par l'habitude de vivre avec des hommes instruits prennent des notions de toutes choses, qui sans les fatiguer par une étude pénible, ornent leur esprit et mûrissent leur raison.

Malgré les agrémens dont elle jouissait à Berlin, il fallait bien retourner en Angleterre; d'ailleurs quel plaisir de raconter tout ce qu'elle avait vu! Elle revint donc dans sa patrie. Son auguste maîtresse la reçut avec toutes les grâces imaginables. Elle ne se lassait point de lui faire répéter ces brillantes narrations.

La vivacité de l'imagination d'Elizabeth peignait les tableaux les plus piquans dont les bons maris allemands fournissaient le sujet ; mais ce qui flattait le plus sa vanité, était de faire lire les lettres du roi de Prusse et de l'électrice de Saxe. On commença à se persuader que cette femme, que l'on croyait si légère, avait des qualités précieuses, puisque d'aussi grands personnages n'avaient pas dédaigné de se lier avec elle.

Tout ce qu'il y avait (comme le dit un auteur contemporain) *d'important à la Cour, se mit à la lui faire.* Ce fut alors qu'elle se lia intimement avec milady Harington et miss Ash, deux des plus aimables femmes de l'Angleterre, et ces trois personnes célèbres par leur beauté et leur esprit, devinrent l'organe de la mode, et rien ne fut bien qu'elles ne l'eussent approuvé. Mais il ne suffisait pas d'étendre leur empire sur les futilités qui charmaient leur sexe, elles donnèrent aussi un nouveau code de morale ; elles rejetèrent les bienséances gênantes et trouvèrent que tout était bien pour des femmes d'un grand ton. Par exemple, elles ne firent nulle difficulté de se lier avec des courtisannes célèbres. Telle était alors miss

Kitti Fischer. Il paraît que miss Chudleigh la voyait assez souvent pour observer son caractère. On en peut juger
par les lettres qu'elle écrivait à son sujet à milady Harington.

« Miss Kitti Fischer eut au com-
mencement de l'hiver un petit rhume
qui l'empêcha de voir du monde. On
compta sur la liste de son portier en
un seul jour, six pairs du royaume,
autant de membres de la chambre des
communes, qui s'étaient fait écrire à
sa porte ».

« Kitti Fischer, dit-elle ailleurs,
est l'idole du jour. Elle a depuis peu
introduit la mode de se faire apporter le thé au spectacle. La première
fois cette nouveauté causa une petite
rumeur qui fut bientôt étouffée par

les applaudissemens, et l'on s'y est accoutumé. Elle désira dans le mois de janvier dernier de manger des fraises, et il ne s'en trouvait que chez un jardinier qui avait d'excellentes serres chaudes; mais il n'y en avait que pour faire un petit panier dont on voulait trente guinées. On achetterait avec cette somme un champ assez vaste pour faire venir autant de fraises qu'en consommerait une ville. Kitti donna les trente guinées pour avoir environ une quarante de fraises. Quelques politiques de mauvaise humeur voulurent murmurer de cet excès ; la multitude en sut gré à Kitti Fischer, qui publia ce trait comme une action qui lui faisait grand honneur, et qui n'honorait pas moins sa nation. Le gouvernement par d'autres considérations

dérations en fut satisfait».... Ailleurs :
« Kitti Fischer va souvent se promener
au parc Saint-James : elle est toujours
aussi parée, aussi brillante que pourrait l'être une des plus grandes princesses de l'Europe. L'été dernier,
quelqu'un s'avisa d'en prendre de l'humeur, et l'on vit dans les gazettes de
Londres plusieurs avis adressés à Kitti
et à toutes ses semblables, où elles
étaient menacées des plus indignes
traitemens, si elles continuaient à se
montrer en public avec un appareil
qui insulte, disait-on, à la calamité
publique. Elle parut comme à son
ordinaire ; mais les gardes répandus
dans le parc, et qui sûremont ne s'y
étaient rendus que par des ordres su-
périeurs veillaient à leur sûreté »....

« Il y avait long-temps qu'un de

ses amans, homme très-qualifié, mais vieux et avare, lui promettait une harpe dont elle avait envie. Un jour qu'elle croyait le voir en humeur de tenir sa parole, elle lui proposa pour partie de promenade d'aller acheter avec elle l'instrument si désiré. Elle fit mettre les chevaux à son carrosse, et Milord en y montant, défend à ses gens de le suivre. Ils arrivent chez le luthier; plusieurs harpes sont montrées, les unes de vingt, trente, quarante guinées, les autres qui s'élevaient jusqu'à quatre-vingt: Milord penchait pour les premières; il s'efforçait de faire entendre à la *charmante créature* que les ornemens qui augmentaient si fort le prix des autres, n'ajoutaient rien à leur bonté; mais elle avait ses raisons pour penser différem-

ment, elle voulait une harpe de quatre-vingt guinées on rien. Milord in-
sistant pour le meilleur marché, Kitti
le quitte brusquement, s'élance dans
sa voiture, et part comme un trait.
Pour le vieux Lord il fut encore heureux de se trouver chez des gens honnêtes, qui voulurent bien lui envoyer
chercher des porteurs.

» Le refus d'une harpe de quatre-
vingts guinées était sans doute fort hu-
miliant pour une femme telle que Kitti
Fischer, qui se croyait une autre Cléo-
pâtre, et qui, tout enivrée de l'honneur de faire revivre en Angleterre les
Laïs et Aspasies de la Grèce, voulait
que ses adorateurs se trouvassent trop
heureux du relief qu'elle donnait à
leurs largesses. Kitti se croyait bon-
nement chargée du soin de faire écla-

ter l'opulence de la nation, et le pouvoir de la beauté sur des cœurs anglais.
Si ce Lord est, comme on le croit, celui qui a rapporté tant de trésors de ses
heureuses courses autour du monde,
comment n'a-t-il point été jaloux de
faire revivre en lui les plus illustres
fous de l'antiquité ? Pourquoi a-t-il
préféré le rôle de Démosthène effrayé
des faveurs de Laïs, après avoir fait
le voyage d'Athènes à Corinthe pour
les obtenir, à celui de Caligula donnant dix mille sesterces d'une pré-
cieuse fourrure pour la robe de sa maîtresse ? Quoi ! le plus riche des sei-
gneurs de l'Angleterre aura été dans
ses amours, aussi économe qu'un phi-
losophe ! et il ne se sera point piqué
d'être aussi magnifique qu'un em-
pereur romain ! De bonne foi, est-ce

là soutenir l'honneur du nom anglais ? »

L'aimable Miss et ses deux tendres amies allèrent aux eaux de Tumbridge. Elles y donnèrent le ton comme à la ville, et par malheur pour une petite bourgeoise qui s'y trouvait, elle voulut les prendre pour modèle. A peine notre *triumvirat* en fut instruit, qu'il résolut de la tourner complettement en ridicule en lui faisant adopter les modes les plus fantasques, telles que de mettre du rouge sur une joue et du blanc sur l'autre, un soulier noir et un blanc, une manche longue à un bras et une courte à l'autre.

La pauvre mistriss Wildman, après les avoir vues chez elle ainsi faites, se résigna à suivre leurs modes

toutes bizarres qu'elles étaient, et lorsque l'on sut qu'elle devait paraître à
l'assemblée sous ce grotesque costume,
nos trois belles y vinrent mises à ravir,
et sans la moindre originalité.

Quand mistriss Wildman entra,
un éclat de rire général se fit entendre.
La pauvre femme déconcertée, eut
recours à la fuite pour cacher sa honte ;
mais comme la saison des eaux finissait, cette aventure fut publique à
Londres avant qu'elle y revint. Les
belles espiègles en amusèrent la princesse de Galles, tandis que mistriss
Wildman n'osait sortir de sa maison
ni se montrer même à son comptoir :
chacun l'abordant, lui demandait, y
a-t-il long-temps que vous n'avez vu
miss Chudleigh. Ce nom lui rappelait
la scène de Tumbridge. Heureuse si

cela lui servit par la suite à se dire qu'il faut que chacun reste dans sa sphère.

L'état équivoque de Miss donnait à ceux que ses charmes enflammaient, la liberté de lui offrir leurs homma-ges. Dans ce nombre fut lord Howe, que l'on croit qui ne fut pas indifférent à la belle Miss, et fut cause du refus qu'elle fit de la main du duc d'Ancaster; car elle se souvenait si peu qu'elle était mariée qu'on ne put croire que ce fut la raison qui l'engagea à reje-ter les hommages d'un aussi grand seigneur que M. le duc d'Ancaster. Cette liaison, que je veux croire par-faitement pure, car il n'est aucune preuve du contraire, servit néanmoins d'aliment à la calomnie. On fit mettre dans les papiers publics un pamphlet sous le titre de Tablettes d'une jolie femme, où Miss était si parfaitement désignée qu'on ne pouvait s'y méprendre , et on la peignait comme très-occupée du séduisant Howe et lui préférant ses rivaux.

Une chose que l'on voudrait dissimuler en vain, c'est que, comme n'ayant que six cents livres sterlings d'appointemens chez la princesse de Galles, elle ne pouvait tenir un état de maison aussi brillant que le sien ; et comme lord Howe était immensément riche, on osa dire qu'il partageait sa fortune avec Miss. Mais n'est-il pas plus vraisemblable que, faisant les délices de la princesse de Galles, cette princesse lui donnait secrètement des sommes considérables qui n'avaient aucuns rapports avec ses appointemens.

Si

Si les assiduités d'un homme beau, jeune, riche, sont dangereuses pour la réputation d'une femme, celles de personnes de son sexe d'une conduite équivoque, ont aussi de grands inconvéniens. On peut mettre de ce genre celle que forma miss Chudleigh avec miss Fanni. Elle l'aida, dit-on, à persifler un vieil amant qui, après avoir fait des offres brillantes, se restreignait au don d'une hure de sanglier. On prétend que ce fut miss Chudleigh qui dicta la lettre de remercîment que je ne puis me dispenser de placer ici après en avoir expliqué le sujet.

Le Lord fort jaloux, comme l'est toujours un vieillard amoureux, ne voulait pas que Fanni reçût chez elle ceux qui pouvaient lui plaire. Miss Chudleigh dit à Fanni qu'il fallait prendre de cette défense le texte de sa lettre qu'elle commença ainsi :

« Le tort que vous m'avez fait, en me défendant de voir une personne de grande distinction, chez une dame très-respectable, ne peut être réparé. Le caractère défiant et soupçonneux de votre âge vous donne des alarmes sur tous les hommes qui me parlent ; et vous savez que c'est par égard pour vous que je me suis prêtée à ce caprice aussi singulier que tyrannique. Cependant je dois rendre à votre Grâce la justice que, comme vous avez bien senti que cette connaissance m'aurait été agréable et peut-être avantageuse, pour me dédommager des sacrifices que vous avez si impérieusement exigés, vous m'avez fait présent quelques

jours après d'une hure de sanglier, qu'
j'avais eu l'honneur de voir souvent
sur la table de votre Grâce. C'était une
chose assez extraordinaire pour elle
... et l'unique présent qu'un
grand seigneur faisait à sa maîtresse
chérie; mais votre main ... donnait
un prix qu'il n'aurait pas eu de bleu ...
même. Je reçus la hure avec les égards
que je croyais devoir à ce qui venait
de vous, et je l'aurais même mangée,
si elle eût été mangeable ».

On pense bien que le ... ne
pardonna pas à Faublas cette épigramme
... [illegible] ... un seul auteur
Malheureusement il ... trop ... l'autre
... avec ... Hervey, qui ... [illegible]
qu'... de douleur de ... un ...
... grâce qui ... [illegible]

ble que miss Fanni, et il se réunit au
vieil amant de celle-ci, pour les désespérer l'une et l'autre.

Fanni n'ayant plus de ressources,
imagina de donner des concerts. Miss
Chudleigh se chargea de lui avoir des
souscripteurs. Cette nouvelle associa-
tion déplut encore davantage à lord
Hervey, qui fit un pamphlet que je
rapporterai pour donner quelque idée
du style satirique et mordant des Anglais.

Le monde est plein de ces char-
latans, aussi impudens que présomptueux, qui en imposent tous les jours
au public par des entreprises dangereuses ou inutiles, et qui n'ont d'autre
mérite que celui de la nouveauté, tandis qu'il y a des gens qui ne risquent

qu'en tremblant des projets louables,
et qui sont capables de s'en désister par
une certaine modestie, compagne presque toujours inséparable du vrai mérite. C'est ce qui ferait soupçonner
la réussite du nouvel établissement
qu'une personne aussi scrupuleuse
qu'intelligente vient de faire dans Pall-
Mall.

» Quoi qu'il en soit, on ne peut se
dispenser de faire l'éloge de cette institution, également avantageuse au
gouvernement et à la société. Pères,
mères, tuteurs, vous ne serez plus pri-
vés du plaisir de voir vos filles et pupil-
les ; vous ne serez plus obligés de leur
faire passer la mer pour leur faire ache-
ver leur éducation en France ; c'est au
milieu même de la capitale de l'Angleterre qu'elles trouveront désormais

une directrice prudente, une sage ins-
titutrice qui emploiera tous ses soins
à former leurs mœurs.

» Dans cet asile d'une jeunesse zé-
lée, des filles seront à l'abri des préjugés français, si pernicieux pour une
Anglaise bien née ; on travaillera à leur
inspirer cet esprit de liberté qui carac-
térise notre nation ; et tandis qu'on
privera nos rivaux des sommes pro-
digieuses qu'ils recueillent annuelle-
ment de l'éducation de ces jeunes
ouailles, le gouvernement riche de
cette épargne, pourra, sans courir
aucuns risques, établir un impôt sur
les chefs de famille, devenus plus opu-
lens par la diminution de cette dépense
étrangère.

» Miss F.... directrice de la maison de Pall-Mall, n'a rien négligé pour

la construction de l'édifice ; elle se pro-
pose de donner asile à toutes les jeunes
personnes embrasées du désir de pro-
fiter de ses leçons. On peut dire que
son zèle a déjà fait des prodiges, et
qu'il en fait tous les jours. Si elle continue, la postérité ne pourra lui refu-
ser tous les attributs que la reconnaissance exige. Pour justifier ces asser-
tions, on va présenter au public la liste
des prodiges de l'incomparable amie
de Miss Chudleigh, dont le zèle seconde si bien sa noble institution.

» Ces deux dames convertissent en
un clin d'œil les guinées en vin de
Champagne ou de Bourgogne. Elles
font renaître la joie dans les cœurs les
plus abattus : par elles les plus belles
femmes acquièrent bientôt le dernier
degré de la laideur ; par elles aussi,

les moins passables peuvent prétendre à la beauté, en usurpant ses droits ; par elles, les vieillards sont rajeunis, tandis que les jeunes gens vieillissent à vue d'œil à la fleur de leur âge. Elles ont un spécifique merveilleux pour rompre les ménages les mieux assortis, et pour séparer de corps et de biens les époux les plus unis. Elles possèdent la panacée universelle, équivalente à l'introuvable pierre philosophale avec laquelle, au grand étonnement des spectateurs, elles convertissent en or les plus vils métaux. Aucun chimiste n'a connu ce secret admirable.

» L'ordre que miss Fanni a établi dans la maison, lui fait autant d'honneur que sa conduite lui attire de réputation.

» Toute nouvelle récipiendaire doit

être jeune ou jolie. Heureuse , heureuse celle qui réunit ce double avantage ! Son sacrifice n'en est que plus
agréable à la déesse à qui ce temple
est consacré. On exige qu'elle ait peu
vu le monde , et que jusque-là elle ait
mené une vie retirée. Il ne faut point
qu'elle soit mariée, ni qu'elle ait eu
des favoris. Si, par hasard, en entrant
dans cet asile, elle conserve quelque
attachement involontaire, il faut qu'elle
ait dès-lors recours au spécifique de
miss Chudleigh, pour être guérie de
sa passion. Les visites fréquentes de
graves personnages intéressés au sou-
tien du culte et leurs pathétiques ex-
hortations ne tardent point à déraciner
les semences mondaines du cœur de
ces tendres colombes, pourvu qu'elles
les leur ouvrent tout entier.

» Miss Fanni prêche continuellement à ses élèves le mépris des richesses, et même pour leur inspirer mieux, elle a un soin tout particulier de séquestrer aussitôt de leur vue les offrandes qui leur sont présentées, excepté celles qui peuvent contribuer à relever l'état de leur beauté, et dont elles ont l'usage tant qu'elles suivent le culte.

» La sévérité de miss Fanni ne va point jusqu'à priver ses ouailles des innocens spectacles de notre opéra, de nos comédies ; elle les y conduit tour-à-tour dans une loge particulière.

» Les élèves ne doivent recevoir aucune visite, et si l'une d'elles se hasarde de sortir, elle est aussitôt bannie de ce respectable asile.

» Miss Fanni est rigide ; mais elle

a cru ne devoir pas toujours interdire l'usage du vin si nécessaire, sur-tout dans ses opérations chymiques, où il s'agit de liquéfier l'or. Le jour où se fait cette opération, est un jour de fête, et l'on a soin de le marquer en lettres rouges dans le calendrier de la maison.

» Tout sentiment profane en est banni. Miss Fanni permet cependant aux jeunes prêtresses le commerce des rabbins, parce que la science des rabbins est fondée sur des principes solides.

» Tels sont les principaux réglemens de cet établissement qui manquait à l'Angleterre. On n'y reçoit des femmes mariées qu'autant qu'elles sont expressément recommandées par des personnes qui ont fait preuve d'attachement pour la maison.

» Au reste, miss Fanni et son amie, qui savent combien l'exercice est utile, ont soin de promener chaque jour les élèves dans les endroits les plus fréquentés de la capitale. Cette attention ne contribue pas peu à augmenter le nombre des prêtresses. Quelquefois la promenade se fait à pied, mais plus souvent en voiture élégante. Cette voiture appartient à la maison.

» L'exacte bienfaisance, la ferveur dans les exercices du chant et de la danse, et des autres arts agréables, par une heureuse combinaison, concourent à rendre une femme charmante. Actuellement la harpe et les contredanses sont les amusemens journaliers.

» Quant à ce qui concerne la conservation de la santé, un médecin en

titre , le docteur . . . . . en est chargé ;
mais il ne doit recevoir les honoraires
que des mains de Vénus ou de son fils.

» Enfin on jouit dans le nouvel
établissement de miss Fanni , de tous
les plaisirs qui peuvent rendre la vie
douce et agréable, sans aucun mélange
de cette austérité qui dégoûte ordinairement les pensionnaires des maisons
étrangères.

» O mes amis ! quelle joie pour
nous, quel avantage pour vous, si nos
rivaux ne s'avisent pas d'imiter un établissement qui , porté à sa perfection,
doit fixer la circulation, des espèces
dans le sein du royaume, et y attirer
l'or des autres nations ».

Ce pamphlet répandu de toutes
parts à Londres eut une publicité ex-

trême, il fut affiché, imprimé, réim-
primé. Les envieux de la faveur dont
la princesse de Galles ne cessait d'hon-
norer Miss, le lurent avec transport,
et crurent qu'Elizabeth serait perdue;
mais ce qui eût été un coup de poi-
gnard pour une femme ordinaire,
n'altéra pas un moment la sérénité de
Miss. Elle porta elle-même ce libelle
à son auguste maîtresse, qui après l'a-
voir lu, dit qu'il fallait livrer l'ouvrage
au public, et les auteurs au mépris dont
ils avaient voulu couvrir deux vies
charmantes et qui ne méritaient que des
louanges et des encouragemens.

Les courtisans, toujours l'écho des
princes, dirent aussi qu'il fallait que
lord Hervey n'eût aucuns moyens graves d'attaquer la conduite de sa femme,
puisqu'il en employait d'aussi faux,

quant au vieux Lord, il ne fit que
donner à ces Dames le moyen d'ajouter la publicité au ridicule dont elle
l'avait déjà couvert.

Cependant tout-à-coup la scène
change. Le lord Hervey perdit son
père et il se trouva comte de Bristol.
C'était peu pour Elizabeth, mais le
comte tomba dangereusement malade. Alors miss Chudleigh se rappela
qu'elle avait droit, comme sa veuve, à
un douaire de cent mille francs de notre monnaie dans ce moment elle re-
gretta vivement l'acte déchiré, et crut
devoir employer tous les moyens qui
étaient en son pouvoir pour rétablir cet
acte qui lui devenait si précieux. L'occasion était favorable. Le chapelain de
Clamsfort qui, comme l'on sait, avait
élevé le lord Hervey, n'eût pas plutôt

appris qu'il était dangereusement malade, que malgré son âge et ses infir-
mités, il se mit en route pour savoir
par lui-même l'état du Lord. Dès que
Miss le sut arrivé, elle se rendit à l'hôtel d'Hervey, et fit demander au Lord
à le voir, et témoigna à son secrétaire
qui était venu pour la recevoir, une
affection particulière pour le comte,
lui demandant pardon des chagrins
qu'elle lui avait causés. M. de Bristol
accablé par les souffrances ne fit que
peu d'attention à ce qu'on lui disait de
la part de sa femme, et ne donna point
l'ordre qu'on la laissât entrer. Alors
elle demanda du papier et de l'encre
et écrivit ce billet.

Billet

Billet de miss Elizabeth Chudleigh au Comte de Bristol.

« Comment penser aux erreurs dont je me suis rendue coupable à vos yeux, sans les abjurer ? Croyez que celle qui porta le nom de votre femme, conserve encore pour vous tous les sentimens de maîtresse et d'amie, et qu'il n'est rien sous le ciel qui puisse jamais changer, ni altérer ceux que vous a voués pour la vie,

ELIZABETH CHUDLEIGH,

Comtesse de Bristol ».

Soit que le Comte fût affaibli par sa maladie, soit qu'un reste mal éteint de sa passion pour Miss, se ralluma,

*Tome II.*11

il ordonna qu'on parât et parfumât sa chambre, puis qu'on fît entrer lady; car elle voulait l'être à ce moment. Elle courut se jeter aux pieds du lit, s'y mit à genoux, et dit qu'elle ne se leverait point que le Comte n'ait assuré son pardon en la nommant, en présence de ceux qui étaient là, son épouse.

— Et à quoi cela servira-t-il, Madame ? la femme du comte de Bristol serait-elle plus occupée de ses devoirs que milady Hervey ? je ne le crois pas. Cependant je ne demande pas mieux ; mais à ce moment il me paraît difficile de donner la célébrité à notre mariage que j'ai désiré. Vous savez que je vous ai inutilement pressée de venir à Clamsfort pour réparer votre étourderie. — Eh bien ! le chapelain est ici, les témoins seront bientôt réunis, faites-les avertir. — Je ne demande pas mieux.

On envoya en poste à Clamsfort pour avertir ceux qui y étaient et pour apporter le registre. Lady tremblait qu'une crise ne lui enlevât avec son époux son douaire et son titre, quand enfin on arriva de Clamsfort ; elle n'avait pas quitté le chevet du malade qui soutenu par elle et le chapelain signa l'acte en présence des témoins qui le signèrent ainsi que Lady.

A peine eut-elle la certitude que la fortune et la grandeur ne lui échapperaient pas, qu'elle fut moins assidue auprès du malade dont on commençait à espérer la guérison. Elle revenait chez elle passer les soirées, et le Comte, dont la convalescence s'avançait, ne fut pas peu surpris en apprenant que sa tendre moitié recevait les hommages du duc de Kingston, l'un des plus riches et des plus puissans lords de la Grande-Bretagne. Il vit alors clairement que la tendresse que sa femme lui avait témoignée, que le soin qu'elle avait eu de faire refaire l'acte, n'était autre que d'obtenir à sa mort le douaire qui était si précieux pour elle, et que voyant par son rétablissement s'évanouir l'espoir d'en jouir promptement, elle n'était plus si empressée auprès de lui, et reprendrait même à la première occasion le désir d'obtenir sa liberté.

Elle était toujours intimement liée avec lady Harrington et miss Asch, elle comptait avec raison sur leur zèle pour l'aider à enlacer le Lord Duc ; mais malheureusement elles étaient à

Bath. Le temps pressait, l'amant pouvait changer d'avis ; il fallait se hâter de terminer, et pour y parvenir elle fit partir cette lettre.

Lettre de Milady Hervey à Miss Asch.

Ce mardi 5 octobre 1739.

« Je te dis que Milord (Kingston) ne peut se passer de me voir. Sous prétexte de faire sa cour à ·... il est toujours chez moi. Il me disait hier qu'il était trop heureux de mettre toute sa fortune à mes pieds ; que ce serait lui faire une grande grâce de l'accepter ; que des charmes aussi puissans que les miens, n'étaient point faits pour rester ensevelis ; que le plus haut rang, les plus flatteuses distinctions devaient me dédommager du défaut de la fortune. Enfin, je ne finirais pas, ma chère amie, si je te rendais toutes les folies qu'il à faites et qu'il m'a dites. Il me paraît qu'il en veut sérieusement à ma personne, et que les bruits que je n'ai pu empêcher sur mes liaisons avec le comte de Bristol sont de nouveaux aiguillons pour la passion qui le transporte. Il me proposa de me faire voir toutes ses terres, tous ses domaines, tous ses châteaux. Tu me connais; tu vois d'ici comment j'ai reçu ses offres, assez froidement pour les lui faire renouveler ; mais non pas assez pour le désespérer. Il m'a demandé aussi comment je ferais avec le comte de Bristol ; tu penses bien que j'ai répondu à cette question com-

me il le fallait, et que Milord n'en est
que plus disposé à l'emporter sur un
rival ; bref, je vois qu'il ne tient plus
qu'à moi de porter le nom de duchesse
de Kingston, et de désoler miladys
D... L.... S. et M...; mais LL... GG...
seront bien surprises quand.... Don-
nes-moi tes avis, dis-moi ce que tu ferais à ma place, malicieuse Miss; au
surplus que fais-tu à Bath dans cette
saison ? Ne devrais-tu pas être hon-
teuse de délaisser ainsi toutes nos brillantes sociétés ! et notre charmant co-
lonel a-t-il juré de nous priver éter-
nellement de ta présence ? Lady Harrington me charge de lui envoyer deux
baisers, dont tu te rendras le porteur;
mais miss Asch, dit-elle, n'aura rien
qu'elle ne vienne expier auprès de
nous le crime de son absence.

» J'oubliais de te dire que le comte de Bristol, mon digne mari de glorieuse mémoire, est épris de mis-triss.... et qu'il paraît s'être enfin lassé de me persécuter. Il vient, dans l'instant, de me faire proposer le divorce par l'honnête . . . cela est fort joli ; mais il ajoute à sa proposition la condition assez plaisante, que je me soumettrai à l'épreuve de l'adultère. J'ai répondu à son agent par un éclat de rire qui l'a étourdi, et je lui ai tourné le dos. Non jamais je ne vis d'homme plus stupéfait, plus confus. Dis-moi si j'ai bien fait, ou plutôt reviens au plus vite. Tu vois qu'il s'agit de mes plus chers intérêts, et qu'il nous faut une actrice. Reviens donc où je te mène le Duc à Bath, pieds et mains liés, pour en faire ce que tu décideras.

Je

Je te jure que je le crois blessé à mort, et je pense qu'il n'en reviendra qu'au moyen d'un bon mariage dans toutes les formes, et dont nous n'annullerons pas l'acte aussi lestement que celui de Cl. Nous allons voir comment celui-ci va répondre à la manière dont j'ai reçu la douce proposition de me soumettre à la preuve d'adultère. Le sot ! faire de pareilles propositions à une amie !

Elizabeth Chudleigh ».

Il paraît par cette missive que le Comte, lassé des caprices continuels de sa femme, était décidé à demander le divorce et à former un autre lien avec mistriss Howard, dont il était devenu amoureux. Mais il était assez difficile d'obtenir le divorce pour cause d'incompatibilité d'humeur, tandis qu'il était prononcé sur-le-champ, lorsqu'on prouvait l'inconduite de sa femme. Il ne pouvait y avoir rien de plus offensant pour elle, et il paraît simple que malgré le désir qu'elle avait de rompre ses liens, elle se soit opposée de toutes ses forces à cet outrage.

Cependant lady Harrington et miss Asch ne laissaient pas au duc de Kingston le temps de respirer; elles lui parlaient sans cesse de leur belle amie dans les termes les plus flatteurs. Le Lord Duc, déjà enflammé par les charmes de la Comtesse, aspirait au moment fortuné de lui donner son nom; mais il fallait qu'elle pût quitter celui de son premier mari, qu'elle avait porté presque publiquement, depuis l'instant où elle avait espéré en être veuve. Elle consulta les hommes de loi les plus habiles, et on ne trouva rien de mieux pour elle que de s'adresser à la Cour ecclésiastique, *Communs Doctor*, qu'elle obtiendrait facilement la cassation de son mariage. Alors elle se livra, avec ses amies, à l'espoir si flatteur pour elle d'être duchesse, et d'avoir une énorme fortune qui lui donnerait les moyens d'exercer son goût pour la prodigalité, qui était chez elle une véritable passion. Elle en donna plusieurs fois des preuves; mais principalement en payant les dettes d'une actrice célèbre, sans réfléchir qu'elle aurait pu avec la somme qu'elle donna à cette suivante de Melpomène, sauver dix familles honnêtes; mais c'eût été dans l'ombre du mystère, au lieu que l'actrice, tout Londres sut que c'était miss Chudleigh qui avait empêché que, pour fruit de ses désordres, elle ne fût conduite en prison.

Cependant tout le monde n'était pas aussi admirateur de cette espèce de bienfaisance que les amies d'Elizabeth, et on croit que le comte de Bristol, pour se venger du refus que sa femme lui avait fait de subir l'épreuve qui l'eût empêché de passer à de nouvelles noces, fit publier encore contre elle un nouveau pamphlet dont le tour ingénieux et la saine morale le fera lire avec intérêt.

« Dans une de ses promenades du matin, Splendida fut abordée par une pauvre femme qui tenait un en-

fant\dans ses bras, et qui lui demanda la charité.

» O Milady ! ce n'est pas pour moi,
c'est pour mon mari que vous pouvez
voir étendu sous cette haie, et mou-
rant faute de secours.

» Splendida jette un coup d'œil sur
l'endroit désigné. Elle aperçoit un être
informe, exposé à toute l'inclémence
de l'air, à demi-couvert des lambeaux
d'un uniforme.

» Le cœur de Splendida s'émut,
elle tira sa bourse qui regorgeait de
guinées.

» A cette vue, l'espérance colora
les joues de la pauvre femme ; mais
Splendida ne fit que regarder parmi
l'or. Sa main resta quelque temps sus-
pendue, et sa bonne volonté se dissi-
pa. Par malheur cette aventure se

passa sans témoins. Elle remit la main dans sa poche, prit un schelling, qu'elle laissa tomber dans une main dessé-chée qui s'étendait pour le recevoir, et dit à son cocher d'avancer.

« De retour à son hôtel, Splendida s'habille, et va ensuite à l'assemblée de milady V.....

» On distribuait des billets pour une représentation qui devait se don-ner, sous peu de jours, au profit d'une actrice célèbre.

» La favorite de Melpomène vou-lait bien recevoir l'argent elle-même. Elle offrit un billet à Splendida, qui, tirant la même bourse que la pauvre femme avait vu s'ouvrir et se refer-mer intacte, en tira cinquante gui-nées, en fit un rouleau, et les remit à l'illustre mendiante.

» Le salon retentit alors d'applaudissemens, et la noblesse d'ame de Splendida fut portée aux nues.

» Je donne cet or, dit Splendida, aux vertus de madame, plutôt qu'à ses talens. Je le donne à l'épouse vertueuse, à l'excellente mère et non à l'actrice dont la sublimité nous transporte.

» On battit des mains ; et se furent des acclamations, des transports dont il ne faut pas espérer de donner une idée. Splendida était un de ces êtres bienfaisans envoyés sur la terre pour la consoler de l'absence des immortels, dont elle était l'image.

» Le soir, avant de se coucher, Splendida écrivit dans son livre de dépense, à l'article des charités, cinquante et une livres sterlings et un schelling.

» Le ciel accepta le schelling comme aumône.

» Les guinées demeurèrent sur le compte de la vanité.

Cette satire piqua plus Elizabeth que celle qui avait déjà paru contre elle, parce qu'elle était vraie. Miss, prodigue et vaine plus que sensible et généreuse, comme la suite de ses Mémoires le prouve, s'était reconnue sous les traits de Splendida, et la vérité, ainsi qu'il arrive toujours lorsqu'elle nous accuse, la blessa sensiblement.

Elle oublia bientôt ce sujet de chagrin, en apprenant que la sentence de la Cour Ecclésiastique l'avait entièrement affranchie des liens du mariage, et la renvoyait parfaitement libre, et pouvant former tel autre hymen qui lui conviendrait. Miss Asch et milady Harrington se hâtèrent d'apprendre cette nouvelle au Lord Duc, qui se donna à peine le temps de les remercier, pour venir aux pieds de miss Chudleigh, faire le serment de ne vivre que pour elle.

Miss, qui avait déjà atteint sa trente-sixième année, et dont la vie tumultueuse aurait dû lui enlever ses grâces naïves qui parent la jeunesse, était encore si belle, avait tant de fraîcheur, et possédait tellement l'art de commander à sa physionomie, pour prendre l'air qui convenait aux circonstances, qu'au moment où on annonça le Lord Duc, une modeste rougeur couvrit son front : ses grands yeux se baissèrent, elle parut timide, embarrassée comme une jeune vierge. Le

Duc crut voir dans toute sa conte-
nance les preuves du plus tendre
amour, et le sien en redoubla.

Cependant, il était impossible de
ne pas attendre les délais prescrits
par la loi. Un mois et quelques jours
devaient s'écouler entre la sentence et
la célébration d'un nouveau mariage.
Ce temps fut employé par le Duc à
prouver la vivacité de ses sentimens.

Le succès que Miss avait eu à la
Cour Ecclésiastique, ne mettait cependant pas sa réputation à couvert, et
on crut nécessaire, le Comte n'ayant
pas daigné se défendre devant les
Docteurs Communs, de faire tomber
sur lui tout l'odieux de cette affaire.
On fit circuler un roman, qui n'était
point écrit, mais que tous les amis
de miss Chudleigh, et elle en avait

un grand nombre, répétaient aux leurs comme témoins oculaires.

« Un grand seigneur, d'une des maisons les plus illustres du royaume, avait épousé une jeune personne, belle, vertueuse et d'un esprit supérieur. Tout alla bien entre les deux époux, tant que le Lord conserva à sa femme les sentimens qui lui étaient dus à tant de titres ; mais, entouré de jeunes gens sans mœurs, ils lui firent bientôt regarder comme un ridicule d'aimer sa femme. Ils l'entraînaient sans cesse hors de sa maison, et lui faisaient passer, dans des orgies scandaleuses, les nuits qui auraient dû ramener pour lui de chastes et doux plaisirs. Heureuse encore si, lorsqu'il revenait chez lui, aux premiers rayons du jour, elle eût pu le voir répondre à sa tendresse; mais, abruti par l'excès des liqueurs, ou irrité par des pertes considérables au jeu, il rapportait au sein de sa famille une férocité qui mit plusieurs fois son épouse infortunée dans le plus grand danger. Elle n'opposa qu'une douceur inaltérable à ces mauvais traitemens, d'autant moins mérités, que sa vertu était plus pure que la lumière. On ne pouvait en douter, en la voyant honorée de la protection spéciale et constante d'une auguste princesse.

» Mais ce n'était pas assez pour les scélérats qui s'étaient emparé de l'esprit du Lord : ils le forcèrent à se séparer de sa noble compagne, et à lui assurer une modique pension. Elle souffrit ce dernier trait avec une profonde douleur. Les affaires de notre volage époux allaient de plus en plus mal ; il en vint au point de ne plus payer la pension de Milady, qui, sans la générosité de son auguste maîtresse, eût très-souvent manqué du nécessaire.

« Ce fou ne lui avait-il pas proposé de passer pour morte, et d'aller s'ensevelir dans quelque campagne isolée. Elle y eût souscrit sans les devoirs qui l'attachaient à la Cour. On assure cependant que le Lord prit le deuil, et persuada à ceux qui ne connaissaient point sa femme, qu'en effet elle n'existait plus. Il fallait qu'il comblât la mesure de ses mauvais procédés.

« Un soir, ayant été demander à souper à un gentilhomme de ses amis, il aperçut, en passant près de la cui-

sine, une jeune fille d'une rare beauté :
il en devint éperdument amoureux.
Il voulut, disait-on, la joindre au nombre de celles qu'il avait rendues vic-
times de ses caprices. Mais miss
Howard, c'était ainsi qu'elle se nommait, avait reçu du ciel autant de
vertu que de fierté. Jamais il ne put
obtenir d'elle la moindre faveur. Il
lui offrit sa main et sa fortune. Miss
Howard la refusa, disant que la distance qui était entre eux ne lui permettait point d'accepter cet honneur.
Mais enfin, vaincue par ses importu-
nités, elle accepta de prendre son
nom, et se conduisit en femme qui
n'oubliait pas la bassesse de sa naissance, et dont l'ame, toutefois, était
digne du rang qu'elle occupait ».

C'est ainsi que par ce tissu de

mensonges, on transformait le sentiment délicat de lord Hervey pour
miss Howard, en d'obscures amours;
et par une bizarrerie qui semblait tenir de l'étoile de miss Chudleigh, elle
accusait son mari de bigamie; et peu
d'années après on lui fit le même re-
proche. Ce mauvais bruit s'accrédita,
malgré qu'il fût aisé d'en démontrer
l'absurdité. Mais les hommes sont
tellement portés à croire le mal, qu'il
faut convenir, avec Beaumarchais,
*qu'il n'est si plate calomnie qu'on
ne puisse faire croire.*

D'ailleurs, qu'importe à miss Chudleigh ce que l'on peut dire : encore
quelques jours elle sera duchesse,
ainsi qu'elle l'avait toujours sou-
haité.

Le Lord Duc avait profité des

trente-deux jours de délai pour faire meubler un appartement magnifique dans l'hôtel de Kingston ; et faire faire les livrées, acheter les chevaux, les voitures, un écrin du plus grand prix. On se rappelle que déjà lord Hervey avait fait les mêmes préparatifs pour la belle capricieuse, qui ne servirent à rien. Il n'en fut pas de même des soins que se donna le Duc. Le jour de la signature du contrat, que leurs altesses voulurent bien honorer de leurs signatures, le Lord Duc envoya les présens, qui furent reçus avec autant de grâces qu'ils étaient offerts avec magnificence. Miss Chudleigh parut le soir au jeu de la Princesse, avec une parure de rubis de cent cinquante mille livres, et qui n'était cependant pas la moitié du prix de

celle

celle des brillans qu'elle devait mettre pour se marier.

Lady Harrington et miss Asch se rendirent de très-bonne heure chez elle, pour présider à sa toilette. Sa robe était une étoffe d'argent parsemée d'étoiles d'or, dont le centre était un diamant fin. La robe était garnie en rézeaux d'argent, rattachés avec des nœuds de diamans. Cette parure était si brillante, qu'on ne pouvait en soutenir l'éclat ; on dit même que la princesse de Galles, malgré ses bontés pour elle, ne put s'empêcher de dire : Il n'est aucune de mes robes qui soit aussi belle que celle de la nouvelle duchesse de Kingston. Ses diamans eussent pu appartenir à la femme d'un souverain ; ses dentelles étaient magnifiques. Le Lord lui avait fait présent d'une robe d'Angleterre, de quatre mille livres sterlings : elle fut cause d'une scène assez bizarre.

Un négociant français nommé Dalot, ayant su qu'un prince du sang allait se marier, avait fait faire cette robe, pour la présenter à la dame d'atours de la Princesse. Il y avait beaucoup de monde dans le salon de madame la marquise de ***, lorsque M. Dalot l'apporta pour la faire voir. Il développe cette robe, dont le dessin et l'exécution étaient au-dessus de ce qu'on peut imaginer. On la fait passer à plusieurs dames. Deux hommes dont nous tairons le nom, étaient près d'une croisée ouverte. Ils prennent le paquet de dentelles, admirent, critiquent, veulent soutenir qu'à cent mille livres elle est beaucoup trop chère, font un mouvement comme pour la rendre à Dalot, et laissent tomber la robe par la fenêtre, sur la terrasse. Il s'élève un cri général. Dalot s'élance hors du salon, traverse, en courant, le corridor, les escaliers, et est en bas, sur la terrasse, avant qu'on ait eu la pensée d'y descendre; aperçoit un homme courant à toutes jambes. Il se mit à le suivre; mais bientôt il le perd de vue, et tombant de fatigue, il revient au château, où cependant on avait fait arrêter ceux qui avaient jeté la robe. Ils furent conduits en prison; mais rien ne put prouver qu'ils eussent jeté la robe volontairement par la fenêtre, et encore moins qu'ils avaient un rapport direct avec l'homme que la sentinelle avait déclaré s'être emparé de la robe, à l'instant que le paquet était tombé. Ainsi, ces deux hommes n'eurent d'autre punition de leur crime, dans ce moment, que le mépris public, personne ne doutant que c'était eux, secondé d'un de leurs agens, qui avaient fait ce vol, de sorte qu'ils furent obligés, lorsqu'ils sortirent de prison, de quitter la France, où on ne voulu plus les voir.

Quant au pauvre Dalot, il fut ruiné; la robe n'était point à lui : le fabricant en demandait impérieusement le prix, et disait, que s'il ne le payait pas, il le ferait mettre en prison, d'où il ne sortirait pas qu'il n'eût la valeur de sa robe. Le malheureux Dalot, désespéré, et qui avait une femme et quatre enfans, prit le parti de déposer le contrat de sa maison sur laquelle était la dot de sa femme, dans les mains d'un notaire, pour servir de nantissement au fabricant, et demanda un an pour retrouver sa robe, qu'il pensait bien devoir être dans quelque Cour de l'Europe. Il part aussitôt, parcourt toute l'Allemagne, va en Russie, traverse encore la Pologne, la Hongrie, passe à Venise, à Gênes, à Rome, à Naples, s'embarque, va à Cadix ; et comme il passait sur le port, il trouve un capitaine de vaisseau marchand qui arrivait de Londres. Le pauvre Dalot avait *toujours sa robe dans la tête*, et il en parlait à tout le monde, et avec d'autant plus d'inquiétude, que le temps avançait, et que s'il n'était pas de retour en France dans un mois, le fabricant faisait vendre sa maison, et par conséquent le ruinerait à plat. Il parlait donc, à tout ce qu'il rencontrait, du malheur qu'il avait eu, de perdre la plus belle robe de l'univers. De point d'Angleterre, dit le marin ? — Sûrement ; l'auriez-vous vue ? — Un Juif en apporta une chez ma sœur, qui est première femme de chambre de la princesse de Galles ; mais on en voulait quatre mille livres sterlings. — C'est ma robe, c'est ma robe ! Ah ! capitaine, conduisez-moi à Londres, et je vous donne cinq cent livres pour le passage, si je puis la recouvrer, et cinquante si cela n'est pas possible. — Rien, si vous ne réussissez pas, voilà qui est dit ; je mets demain matin à la voile, soyez prêt. — Et cette robe, savez-vous ce qu'elle est devenue ? — Ma sœur en parla à la Princesse qui la trouva trop chère, et dit, avec sa bonté accoutumée : Il faut bien mieux donner à cent familles le moyen d'échapper à la misère ; mais je n'en crois pas moins que la robe est restée en Angleterre, car toutes nos ladys n'ont pas une manière de penser aussi généreuse que la Princesse, et je soupçonnerais bien qu'elle a pu être achetée par le lord duc de Kingston, qui doit épouser la plus belle miss d'Angleterre. Peut-être le marché de la robe n'est-il pas encore conclu, et que vous arriverez à temps pour faire arrêter notre fripon.

Le pauvre Dalot, bercé par cette espérance, arrive à Douvres ; et, prenant la poste, il se rend à Londres, où il arrive le lendemain des noces de milady de Kingston. Elle devait se trouver au lever de la Princesse, en négligé, et c'était le moment de paraître avec sa robe de dentelles, qui, malgré son énorme prix, n'ayant ni or, ni argent, pouvait s'appeler une robe du matin.

Le marchand, qui avait pris les plus grands renseignemens, sut que mistriss de Kingston avait une robe de dentelle magnifique; mais il se pouvait que ce ne fût pas la sienne, et il ne voulait parler qu'avec certitude. Il se rend donc au palais, bien sûr que la Duchesse y viendrait en robe de dentelle. Il est dans la galerie; chaque femme qui paraît, son cœur bat de crainte et d'espérance. Enfin, les deux battans s'ouvrent : c'est la belle Duchesse. Dalot est d'abord plus frappé de sa rare beauté que de son ajustement, mais bientôt il reconnaît

sa

sa robe, sa chère robe; et, sans réfléchir à l'extrême distance qu'il y avait d'un pauvre marchand étranger à la femme d'un Lord Duc; il court à elle, et s'écrie en l'arrêtant par sa jupe: Madame, Rendez-moi la vie, en me rendant ma robe. — Votre robe! dit la Duchesse, qui entendait et parlait le français comme sa langue : je ne crois pas que M. le duc de Kingston, vous ait pris cette robe pour me l'offrir? L'action de cet homme avait paru si familière, qu'on l'arrêta. La Duchesse pria qu'on ne le fît pas mettre en prison, et qu'on lui donnât toute la liberté de s'expliquer. Et comme Milady savait que ces sortes d'aventures réjouissaient la Princesse, elle ajouta : Je vais en parler à son Altesse, et je reviens ; et un moment après elle sortit de l'appartement, et dit que sa maîtresse ordonnait que l'on fît entrer le Français dans son cabinet.

Dalot ne se déconcerta pas, raconta sa douloureuse histoire, et le fit avec un tour si plaisant, que la Princesse en rit de bon cœur. Il ajouta : J'ai pu mettre dans mon action une forme peu usitée dans ce pays, mais il n'en est aucun où on puisse envoyer en prison un malheureux réclamant sa propriété, sans manquer aux premières lois de l'équité. — Aussi, vous n'irez pas, dit la Princesse, mais pour avoir votre robe, il faudra prouver d'abord qu'elle est à vous. — Comment le prouverai-je? Ainsi ma femme et mes enfans seront ruinés ; et il se mit à pleurer. La Duchesse, qui, comme on sait, aimait les actions d'éclat, dit à Dalot : Je vais faire écrire à notre ambassadeur à la Cour de France, pour qu'il se fasse informer de la vérité des faits que vous venez de nous exposer. S'ils se trouvent conformes à votre récit, je vous promets, en présence de la Princesse, que je demanderai au Lord, qui ne me refusera pas, de vous payer la valeur de votre robe; mais si au contraire vous avez menti, on vous renverra en France, pieds et mains liés, pour y subir la peine due à votre faute, qui ne sera pas moindre que quelques années de galères.

Dalot ne savait comment marquer sa reconnaissance à Milady, qui se se porta caution pour lui, afin qu'il fût libre dans la ville, et fît partir un courrier pour la France. Il revint pèu de jours après, rapportant la confirmation de tout ce que le marchand de dentelles avait dit.

Milady, comme elle l'avait promis, demanda et obtint de son mari, de payer une seconde fois la robe à Dalot, qui, ne revenant pas d'une générosité si rare, repassa en France, persuadé, et disant à tous ceux qui lui parlaient de son aventure, qu'il n'y avait pas sur le globe une femme aussi belle, aussi généreuse, aussi spirituelle que milady duchesse de Kingston.

A quelque temps de là, on arrêta le Juif qui avait vendu la robe au Lord Duc. On le mit en prison à la réquisition de l'ambassadeur de France, et cet homme avoua qu'il tenait cette dentelle du valet-de-chambre de l'un des deux hommes qui l'avaient laissé tomber par la fenêtre ; qu'ils étaient tous quatre d'intelligence ; que ces fripons hupés prenaient ce qu'ils trouvaient dans les appartemens , et le jetait sur la terrasse, à ce valet de chambre, qui le portait à vendre aux Juifs. Ils avaient réussi plusieurs fois ; mais la robe était un objet trop considérable pour que l'on ne s'en aperçût pas. Le Juif et le valet furent pendus, les autres envoyés à Pierre-en-Cise, où ils finirent leurs jours.

Les fêtes avaient précédé l'hymen de miss Chudleigh avec le lord duc de Kingston, d'autres fêtes suivirent. Milady aimait beaucoup le spectacle, et n'ayant point été à Paris, elle ne se faisait qu'une idée imparfaite de la majesté de notre scène tragique. Com-

me le mariage du Lord se trouvait être
précisément pendant les jours où autrefois les spectacles étaient suspen-
dus en France, le Lord fit offrir à Le
Kain, à mademoiselle Clairon, Molé,
etc. ce qu'ils voudraient pour donner
à Londres une représentation d'Iphigénie en Aulide. Ils acceptèrent moyen-
nant une somme considérable. Quand
le Duc les sut dans la capitale de la
Grande-Bretagne, il fit dresser un
théâtre dans une galerie de son hôtel,
dont la construction et les décorations
lui coûtèrent trois mille livres sterlings.
Il avait invité toute la Cour. La princesse de Galles devait même s'y trouver. Tout le monde était dans le secret, excepté la Duchesse.

A sept heures du soir le Lord entra
chez sa femme qui écrivait à miss Asch

qu'elle croyait absente; Elizabeth était restée dans le plus parfait négligé. Le Lord lui dit en entrant, qu'il savait à n'en pouvoir douter que son altesse royale la princesse de Galles allait l'honorer d'une visite. — Qui vous l'a dit ?—Milady Harrington que j'ai rencontrée au parc. La Princesse veut vous surprendre ; mais Lady a pensé que cela ne vous ferait aucun plaisir. J'en aurais été désolée, dit la Duchesse en fermant son secrétaire et sonnant ses femmes qui, en moins d'une heure l'habillèrent avec la plus grande magnificence. Elle était si belle qu'il fallait savoir qu'elle était dans son huitième lustre pour le croire.

Le Duc aussi amoureux que le premier jour, ne céda à personne la gloire de lui donner la main pour la faire

passer dans le salon. Elle y trouva
ses deux amies et quelques autres
de sa société particulière. Elle ne dut
pas s'étonner de voir cette pièce éclai-
rée et décorée comme pour un bal,
sachant que la Princesse devait venir;
mais au moment où on ouvrait les battans de la porte qui conduisait du sal-
lon à la galerie, et qu'elle la vit remplie
de monde attendant que la toile d'un
théâtre qu'on y avait construit, se
levât, elle parut infiniment sensible à
cette attention du Duc sans cependant
se douter jusqu'à quel point son époux
avait poussé la galanterie.

La première place de la fête eût été
pour celle qui en était l'objet, si on n'a-
vait pas attendu madame la princesse
de Galles. Un moment après on vint
avertir que son altesse royale était

entrée dans l'hôtel. Le Duc et la Duchesse descendirent pour la recevoir au sortir de sa chaise à porteur, et l'accompagnèrent jusqu'à la galerie où un fauteuil surmonté d'un dais l'attendait. Dès qu'elle fut placée, on leva le rideau. Rien n'égala la surprise et la joie de la Duchesse lorsqu'elle entendit ce beau vers,

Oui, c'est Agamemnon, c'est ton roi qui t'appelle.

prononcé par Brizard, Brizard dont la physionomie noble avait le caractère respectable de la vieillesse, quoiqu'à cette époque il n'eut pas plus de trente ans. Milady ne croyait, comme je viens de le dire, n'avoir qu'un spectacle anglais, qu'elle n'aimait pas et sur-tout Garrick qu'elle trouvait mauvais, jugement cependant dont on pouvait

*

appeler au public, qui le regardait comme le premier acteur de l'Europe; mais enfin elle ne l'aimait pas et s'en expliquait en ces termes, en écrivant à une de ses amies : « J'ai été à la comédie, il n'y avait pas de place parce que Garrick jouait. Cet original méritait d'être sifflé, mais la ville est pour lui ». Pour en revenir à *Iphigénie*; ce fut Le Kain qui joua Achille; la belle et tendre Gossin, Iphigénie; la sublime Duménil, Clitemnestre; l'odieux rôle d'Eriphile fut rempli par mademoiselle Clairon; elle voulut bien s'en charger pour avoir l'occasion de marquer son attachement au duc de Kingston qui était fort de ses amis (*). Ces

(*) Cette actrice en eut même en France parmi les personnes du plus grand mérite;

acteurs, tels qu'on en voit rarement réunis, semblèrent se surpasser eux-mêmes. On eut dit que se trouvant sur un sol étranger, ils s'étaient fait une loi pour l'honneur de leur patrie de faire briller les rares talens qu'ils devaient à la nature et encore plus au travail.

Malgré le préjugé national, la pièce fut applaudie avec transport, et la gloire des artistes rejaillissant en quelque sorte sur celle pour qui on leur avait fait passer la mer, la vanité de la Duchesse fut complètement satisfaite.

---

c'est elle qui a fait disparaître du théâtre les paniers et les gants blancs que jusqu'à elle portaient les princesses et Grecques et Romaines.

Après la tragédie on exécuta une pièce allégorique de Sainte-Foix, où cet aimable auteur avait semé ces traits brillans qui caractérisent ses opuscules. La louange y avait perdu sa fadeur, tant elle se présentait sous les traits de la vérité. On ne savait ce qu'on devait plus applaudir ou de l'esprit du compositeur ou de la finesse du jeu des acteurs. Le Duc eut aussi sa part des éloges qu'il méritait pour s'être donné tant de soins; mais ils furent complètement payés par un doux sourire de celle qu'il adorait encore.

Le spectacle fini, on repassa dans le salon où le bal commença, et ne fut interrompu que par le souper, servi sur une table de cent couverts, avec autant de somptuosité que de délicatesse. Les toasts furent portés avec décence, et on put quitter la table où nós acteurs tinrent un rang distingué pour reprendre le bal jusqu'à six heures du matin.

Madame la princesse de Galles enchantée de nos acteurs leur fit demander une représentation d'Andromaque pour le lendemain ; ce qu'ils promirent, et elle eut lieu sur le théâtre d'Haymarket, où de nombreux spectateurs se rendirent. La multitude trouva que nous ne connaissions pas le jeu des passions, puisque Andromaque et Hermione ne se prenaient pas mutuellement aux cheveux ; mais les amateurs du vrai beau, applaudirent avec transport aux grands talens des Français.

On peut juger par les sommes énormes que le Duc sacrifia pour faire éprouver à sa femme un moment de satisfaction, tout ce qu'il faisait sans cesse pour embellir sa vie. Toute autre femme en eût senti le prix et eût enfin commandé à cette humeur bizarre qui depuis le moment où elle était née, avait fait le tourment de ceux qui passaient leur vie avec elle, et qui finit par la plonger dans les plus tristes circonstances où une femme puisse se placer; mais rien ne pouvait contraindre les passions de celle qui disait : qu'elle se détesterait elle-même, si elle était deux heures de suite dans la même disposition d'esprit. Cette fatale mobilité de sentimens influa bientôt sur son amour pour le Duc qui s'affaiblissait chaque jour. Celui-ci brûlant encore de tous les feux que l'hymen rendait en quelque sorte plus vifs, car dans une ame honnête, le devoir ajoute aux plaisirs, ne pouvait s'apercevoir du refroidissement d'Elizabeth sans une extrême douleur. Il crut cependant qu'un immense bienfait lui vaudrait au moins quelque reconnaissance. Il fit un testament où il légua à sa femme la jouissance entière de sa fortune ; mais par un raffinement d'amour - propre, dont il croyait que le prestige existait après la mort, il mettait pour clause qu'elle ne pourrait pas se remarier. Clause qui déplut infiniment à la Duchesse, et nous verrons dans peu tout ce qu'elle tenta pour la faire supprimer sans y réussir. Ce testament déshéritait milord Evelyn Meadows, l'aîné des neveux du Duc, et transportait toute sa fortune au cadet. Ce fut ce qui attira à Milady un procès qui n'eût peut-être pas eu lieu si les héritiers n'eussent eu qu'à attendre la mort de la Duchesse pour rentrer dans leurs biens. Il est à présumer qu'ils l'en eussent laissée jouir tranquillement ; au lieu qu'il importait à Evelyn de rendre nul un acte qui le ruinait sans ressource. Mais ce n'est pas ici l'instant de développer les moyens qu'il employa et qui ne furent mis en usage que plusieurs années après.

.. La première année du mariage de lady Kingston n'était pas écoulée, qu'elle était excédée des témoignages d'amour que son époux lui donnait. Le dédain, les caprices d'Elizabeth furent si marqués, qu'ils parvinrent aussi à attiédir la passion du Lord ; mais il lui conservait encore un sentiment qu'elle eût pu rendre durable, si elle n'avait pas comblé la mesure.

Le Duc avait un cabinet qui donnait sur le jardin de l'hôtel. Cette pièce paraissait éloignée de la ville, tant elle était ombragée par les arbres. C'était dans cette retraite qu'il réfléchissait sur sa position. L'amour, se disait-il, s'envole, si un sentiment plus solide ne s'unit à lui ; il l'invoque cette amitié dont sa belle ame est susceptible, et dans un moment d'enthousiasme, il trace avec un diamant sur sa glace ces vers d'un poëte français.

L'Amour jouant autour de mon foyer,
De son flambeau laissa tomber une étincelle :
Depuis ce temps l'amitié fidèle
Prit soin de l'y conserver.

M. DE T., *capitaine de dragons.*

Il finissait de graver le dernier mot lorsqu'il entend frapper à la porte de ce cabinet où Milady ne venait jamais. Qu'elle est sa surprise et son embarras

en la voyant !— Je vous gêne, Milord !
— Non, vous ne le pensez pas.— Je
trouble vos graves méditations. —
Vous en étiez l'objet. — C'est moins
galant que vous ne l'imaginez. Médi-
diter sur sa femme, c'est apprendre à
la haïr. — Oui, si elle est haïssable ;
mais vous, chère Elizabeth. — Moi,
tout comme une autre. En disant cela, elle jeta un regard sur la glace,
comme pour démentir ce qu'elle disait,
et elle aperçoit les vers que nous ve-
nons de citer. Il n'en fallait pas tant
pour donner naissance à une querelle
entre les époux. — Ah ! je suis enchantée, dit Milady, de connaître vos
sentimens.—Ce ne sont pas les miens,
ce sont ceux du poëte. — Que vous
adoptez parce qu'ils sont conformes
aux vôtres. Je suis ravie de savoir que
vous n'avez plus qu'une étincelle de

cet amour dont les transports m'ont
été tant de fois à charge. Ne donnez
pas à l'amitié le soin de le conserver,
car ce serait inutilement ; l'amour ne
connaît que les extrêmes : vous m'a-
vez aimée avec passion, vous ne m'ai-
mez plus. Voilà qui est vrai, et n'a
nullement besoin du secours de la
poésie pour se faire entendre. — Ah !
Milady, pouvez-vous prononcer un
semblable blasphême ; moi, ne plus
vous aimer ! Ah ! plut au ciel pour
mon repos ! — Ne vous donnez pas non
plus la peine de vous défendre, ces
vers m'ont tout appris.

FIN DU SECOND VOLUME.

DE L'IMPRIMERIE DE LEFEBVRE,
RUE DE LILLE, N°. 11.